SOUVENIRS

DES

DEUX SIÈGES

de Paris 1870-1871

PAR

UN VOLONTAIRE

à la 1re Compagnie bis

des

CANONNIERS - AUXILIAIRES

Washburne. Indiscrétions et Imprudences. — Le Maréchal Vaillant. — Le Gouvernement militaire de Paris. — Une Panique à Versailles. — Une Conférence sur le Plébiscite. — Un Maître-Farceur. — La Grande sortie. — Le Deux Décembre. — La deuxième Journée du Bombardement au Fort de Nogent. — Le Comte Montemerli. — Une singulière Ambulance urbaine. — Une Joyeuseté teutonne. — Bilan du premier Siège. — La Manifestation du 22 Mars. — Les Canonniers-Auxiliaires. — L'Insurgé Duval à la Préfecture de Police. — Le Général René et le Capitaine Forgeois. — Le 21 Mai 1871 au Mont-Valérien.

1888

Aux Bureaux du CORSAIRE

9, Rue Buffault — PARIS

SOUVENIRS

des

DEUX SIÈGES

de Paris 1870-1871

par

UN VOLONTAIRE

A LA 1re COMPAGNIE BIS

des

CANONNIERS-AUXILIAIRES

I

Washburne. Indiscrétions et Imprudences

Washburne vient de mourir.

Il avait été au commencement de l'autre année très vivement attaqué par M. Ivan de Wœstyne, à propos du rôle étrange qu'il joua, pendant le siège de Paris, en sa qualité de ministre des Etats-Unis près la République française. Le rédacteur du *Figaro* alla même jusqu'à affirmer en savoir plus long encore sur le compte du diplomate américain, qu'il ne lui convenait pour l'instant de le dire. Cependant, des officieux mirent alors un empressement singulier à prendre dans les journaux français eux-mêmes la défense de Washburne.

A l'appui de leur thèse, ils voulurent rappeler les rapports « pleins d'aigreur » que, pendant le siège, le ministre américain parut avoir avec M. de Bismarck : mais deux compères n'affectent-ils pas *toujours* de se disputer, pour mieux masquer les vilains exploits qu'ils sont en train d'accomplir?

Ces officieux ont ajouté que Washburne avait épousé une femme d'origine française, et qui a conservé des sentiments très français. A cela nous pouvons répondre, car plusieurs de nos amis d'Amérique nous l'ont affirmé, que depuis son retour aux Etats-Unis Washburne n'a pas cessé un seul instant de déblatérer outrageusement contre les Français, et qu'il s'est efforcé en toute occasion de détourner ses compatriotes d'aller séjourner en France.

Quoi qu'il en soit des accusations portées par M. de Wœstyne contre Washburne, il est une chose malheureusement certaine, c'est que Paris *investi* demeura rempli d'espions, qui correspondaient presque régulièrement avec l'ennemi. Il est encore une autre chose également certaine, c'est que le gouvernement de la Défense n'a pas toujours gardé le secret des opérations militaires décidées par lui, et que dans de nombreuses circonstances les officiers eux-mêmes ont négligé avec une légèreté très coupable d'éventer les ruses de l'ennemi.

Quelques faits, à notre connaissance personnelle, vont confirmer ce que nous venons d'énoncer.

Volontaire dans une de ces batteries d'artillerie composées d'anciens soldats, et dénommées *Compagnies de canonniers-auxiliaires*, nous sommes sorti de Paris dans la nuit du 28 au 29 novembre, par la porte de l'avenue Daumesnil. Il était minuit. Les feux de bivac des nombreuses troupes campées au milieu du bois de Vincennes se reflétaient dans les flaques d'eau des routes détrempées, et éclairaient l'atmosphère d'une si large et si intense lueur, que cette lueur devait forcément dénoncer au loin la présence de toute une armée dans ce bois.

La 1re compagnie bis, à laquelle nous appartenions, avait reçu l'ordre de se rendre au fort de Vincennes, et de s'y tenir à la disposition du général Favé qui, à deux heures du matin, la dirigea vers Nogent. Elle resta sur les bord de la Marne jusqu'à la fin du siège, et ne rentra dans Paris que pour être dissoute à la suite de la capitulation.

Or, le 20 décembre, nous obtenions la permission de venir à Paris dîner en famille. Nos officiers commençaient à parler de quelque coup pour le lendemain. Chemin faisant, nous avions aperçu dans le bas de Montreuil un régiment de cavalerie qui, sorti de Paris, se dirigeait vers le nord. Le soir, à neuf heures, on sonna à notre porte. En nous apercevant tout botté et tout encapoté, notre visiteur nous dit :

— Ah ! je comprends, vous allez faire partie de la sortie de demain. Je viens de dîner chez Ernest Picard, et le ministre nous a entretenus à table de la décision prise d'occuper demain le plateau d'Avron.

Nous tenions, comme on le pense bien, toutes grandes nos oreilles.

Notre visiteur s'appelait M. Henri Dunant. Citoyen suisse, il fut le promoteur de la Société de la Croix-Rouge, reconnue maintenant par toutes les puissances. Ses sentiments bienveillants pour la France étaient notoires. Nul soupçon ne peut donc l'atteindre. Cependant, comme Ernest Picard n'avait point exigé le secret, il avait cru pouvoir parler. Les autres convives du ministre ont dû croire qu'ils pouvaient de même parler. Ils sont donc allés le soir causer dans les salons ou dans les cafés, et la nouvelle qu'ils tenaient de la bouche d'Ernest Picard a fort bien pu parvenir dans la nuit même jusqu'à l'ennemi ; mais comme si la légèreté et le bavardage d'un ministre ne suffisaient point, nous allons voir s'y joindre encore, pour nuire à la défense de Paris, la légèreté et l'imprudence de l'autorité militaire elle-même.

En effet, le lendemain 21 décembre, le plateau d'Avron fut occupé, et un corps d'armée poussa en avant déloger les Prusso-Allemands de Ville-Evrard. Quelques pièces ennemies établies sur la rive gauche de la Marne, fauchaient littéralement les bataillons qui descendaient du plateau d'Avron. La pièce à laquelle nous étions attaché, contribua avec d'autres à éteindre le feu de cette batterie allemande, que de robustes chevaux vinrent précipitamment arracher à nos coups. Seul, un pauvre cheval blanc éventré par l'un de nos obus, demeura gisant sur l'herbe ; mais la Marne nous séparait de lui, et ce n'est point des couteaux français qui purent se tailler dans ses flancs de nourrissants biftecks.

Le combat se trouvant déplacé, nous n'avions plus qu'à regarder en nous croisant les bras. Aussi nos chefs nous accordèrent-ils facilement la permission d'aller sur la route de Neuilly-sur-Marne, à la découverte. Tout à coup, nous voyons s'avancer sur cette route, mais dûment escorté, un prisonnier de ce 17e régiment saxon que nous avons eu pendant deux mois constamment devant nous, de même qu'au sud de Paris ceux qui ont lutté contre la fameuse redoute de Châtillon eurent toujours affaire aux Bavarois, chargés de la servir. Pendant la Commune, un papetier de la rue de Satory, à Versailles, nous assura que, réquisitionné par les Prussiens pour photographier, *au repos et en action*, la batterie dressée dans la redoute de Châtillon, baptisée par l'ennemi : « batterie Kronprinz », il avait pu se rendre compte des pertes énormes qu'y ont subies ces infortunés Bavarois.

— Il y eut des jours, nous dit-il en nous montrant ses photographies, où le personnel de cette batterie dût être renouvelé deux, trois et même jusqu'à cinq fois, tant le tir des batteries parisiennes était juste et tant il causait des ravages !

Dame, lorsqu'on a le bonheur d'avoir, comme les Prussiens, des confédérés aveuglément dociles, on aime mieux se servir d'eux que de les servir. Aussi, dans la guerre de 1870, les Saxons, les Wurtembergeois, les Hessois, les Badois et les Bavarois ont-ils payé fort cher l'honneur de se dire confédérés des Prussiens.

Revenons à notre prisonnier saxon. C'était un beau gars. Il parlait assez clairement le français. Il n'avait point l'air d'avoir peur d'être fusillé, comme en avaient l'air ses camarades faits prisonniers dans la bataille de Champigny. Ceux-ci levant les mains et tenant leurs cinq doigts écartés, s'écriaient en pleurant : « cinq enfants ! » Non, le prisonnier du 21 décembre savait n'avoir rien à craindre. Il dénonçait aux Français une ruse de guerre de leurs ennemis. A tous les officiers qu'il rencontrait sur la route, il répétait : « 150 *camarâtes* cachés Ville-Evrard ». Et tous ceux qui l'entendaient répliquaient : Oh ! ceux-là aussi doivent être actuellement prisonniers, car il y a maintenant plus d'une brigade française dans Ville-Evrard.

Nous avions rencontré ce saxon vers les deux heures de l'après-midi. Or, lorsque la nuit fut venue, les troupes rassemblées dans

Ville-Evrard, évacué par l'ennemi, entendirent tout à coup le son d'un sifflet. A ce sifflet succéda aussitôt une vive fusillade éclatant au milieu même de Ville-Evrard, fusillade à laquelle se joignit bientôt le feu de l'ennemi, indiquant un retour offensif. Le général d'artillerie Blaise sortit précipitamment de la chambre dans laquelle il dînait. Il fut tué sur le seuil même de sa porte. Le désordre devenait inexprimable. L'alarme gagna jusqu'au parc d'artillerie, placé comme toujours à l'arrière garde... Heureusement ce ne fut qu'une alarme. L'ennemi ne put pas, ou ne voulut pas tenter de nuit le retour offensif médité; mais cette alarme nous causa des pertes sensibles, et ébranla la confiance des troupes. Peut-on croire qu'elle n'ait point été causée par les 150 camarades du prisonnier saxon, restés cachés *par ordre* dans Ville-Evrard ?

II

Le Maréchal Vaillant

Jusqu'au 28 novembre, les compagnies des canonniers-auxiliaires furent occupées à préparer la défense de l'enceinte. Tous les deux jours, la moitié de chaque compagnie allait passer vingt-quatre heures sur les bastions, et tous les dimanches, la totalité de chaque compagnie faisait sur quelque vaste espace les manœuvres d'escadron. Les jours de garde, la matinée était employée à la manœuvre des pièces, et l'après-midi à l'appropriation des bastions, c'est-à-dire à l'édification de ces petites fortifications spéciales qui doivent protéger chaque pièce.

On alla même, tant était encore grande alors la routine, jusqu'à nous faire établir sur les courtines, qui relient les bastions, des plate-formes destinées à recevoir des mortiers, mortiers dont l'action destructive n'est efficace *qu'en deçà* de trois cents mètres !

La première compagnie travailla ainsi à la mise en l'état de cette portion du premier secteur qui, partant de la Seine, aboutit à la porte Daumesnil, et la première compagnie *bis* travailla sur cette autre portion du secteur qui, partant de la porte Daumesnil, aboutit à la route de Vincennes.

Un jour que nous étions allés chercher des écouvillons et des refouloirs pour les pièces de siège dans notre dépôt, au poste-caserne voisin de la Seine, nous apercevons en revenant un gros rassemblement de gardes nationaux autour d'un coupé attelé de deux chevaux et arrêté sur la route militaire, au pied d'un bastion. En approchant de ce coupé, il nous fut facile de voir, peints sur les panneaux, deux bâtons de maréchal en sautoir. Dans la voiture, et discutant avec les gardes nationaux, qui vociféraient toutes sortes d'injurieuses menaces, se tenait assis un vieillard, habillé en bourgeois, dans lequel nous reconnaissons aussitôt le maréchal Vaillant, pour l'avoir vu maintes fois causant auprès de nous à la bibliothèque de l'Institut, lorsqu'il s'y arrêtait avant ou après les séances de sa section.

— Monsieur le maréchal, lui dit en soulevant respectueusement son képi notre capitaine, qu'y a-t-il donc ?

— Il y a que ces gardes nationaux osent me soupçonner de venir voir les bastions pour rendre compte ensuite aux Prussiens de l'état de la défense de Paris. N'est-ce point absurde, cela, n'est-ce point odieux, infâme ! Mais ces fortifications, n'est-ce donc pas moi qui les ai dessinées et fait élever ? Aussi, le gouvernement n'a-t-il pas cru pouvoir mieux faire que de me nommer président du comité de la Défense. Tenez, capitaine, prenez cette pièce, qui prouve ma nomination, et lisez-la tout haut !

Celui-ci n'obéit que trop vite au maréchal. Il commença la lecture de cette pièce, sans même se donner le temps de la parcourir des yeux une seule seconde. Il aurait vu que la création de ce comité remontait au mois d'août, c'est-à-dire, *sous l'Empire*, et qu'il était alors tout naturel que la nomination du président de ce comité ait été faite « au nom de l'Empereur ; » mais notre capitaine ne se donna pas le temps de réfléchir à cette chose pourtant si simple, et à laquelle de son côté le pauvre maréchal n'avait point songé. Aussi, lorsque les gardes nationaux entendirent prononcer d'une voix sonore par notre capitaine, ces trois mots par lesquels débutait la pièce : *Au nom de l'Empereur*, poussèrent-ils de tels rugissements que nous nous vîmes forcés d'escorter le maréchal jusqu'au bureau d'octroi de la porte Daumesnil dans lequel se tenait d'ordinaire le général Faron, commandant du 1er secteur.

L'entrevue du vieux maréchal et du brave général fut courte en même temps que pénible pour tous deux. Les récriminations du maréchal étaient amères, mais justes. La réponse du général fut prudente.

— Un tel scandale, dit-il, n'aurait certainement point eu lieu, si le maréchal était venu passer son inspection en uniforme et accompagné du commandant du 1er secteur. Maintenant, il ne restait plus au général qu'à faire conduire sous escorte le maréchal jusqu'à l'hôtel du gouverneur de Paris.

On envoya chercher la voiture du maréchal ; mais, voiture, chevaux, cocher, valet de pied, et même jusqu'au chien favori du maréchal, tout avait disparu ! On fit alors quérir un fiacre ; mais de la porte du bureau de l'octroi pour parvenir à ce fiacre, il y avait à faire une vingtaine de pas. Lorsque le maréchal sortit, un silence absolu s'imposa tout à coup à cette foule compacte de gardes nationaux qui s'amoncelaient, comme dans un amphithéâtre, jusqu'au sommet des murs et des talus de l'enceinte. Plusieurs même s'étaient hissés sur le toit plat du bureau de l'octroi. Instinctivement nous nous groupâmes autour du maréchal. Le laisser marcher seul jusqu'à la voiture, c'eût été l'exposer à être pris pour une cible par quelque fanatique ou par quelque ivrogne.

Le maréchal parut comprendre la gravité de la situation, car de son propre mouvement il souleva son chapeau et dit à voix basse : » Vive la République ! » Mais si basse que fut sa voix, elle pénétra cependant jusqu'aux oreilles de cette foule silencieuse, et un cri unanime de « vive la République » répondit au solitaire vivat du maréchal.

Le lendemain, en rentrant dans Paris, nous apprenions sans le moindre étonnement que l'escorte du maréchal avait mis trois heures à percer la *foule accourue sur son passage*, de tout Paris jusqu'au Louvre, où demeurait le gouverneur de Paris.

Nous savons que plusieurs personnes ont considéré comme une lâcheté le vivat donné à la République en cette triste circonstance par le maréchal Vaillant. Si nous jugions ainsi la chose, nous nous abstiendrions, après dix-sept ans, de relater ce dernier acte de la glorieuse vie d'un soldat; mais, à nos yeux, tout gouvernement qui a pour base la souveraineté nationale, est un gouvernement *républicain;* et n'est-ce pas l'irrémédiable faute, l'incroyable folie des impérialistes, voire même des royalistes de nos jours, que cette aveugle haine vouée par eux au très juste, très noble et très respectable mot : la République !

III

Le Gouverneur militaire de Paris

Le général Trochu avait dit, en parlant du siège de Paris : « C'est une héroïque folie, mais il faut la faire. » Le malheur voulut que le gouverneur de Paris ne s'adonna pas de tout *cœur* à faire cette héroïque folie ; et cependant combien, dans l'histoire, d'autres folies héroïques n'ont-elles réussi que parcequ'elles ont été poursuivies héroïquement!

Pourquoi n'en a-t-il pas été de même du siège de Paris? Devant cette *subite* et épouvantable invasion de la France par l'Allemagne entière, sous la très habile direction de la Prusse, la mission de Paris fortifié paraissait cependant toute tracée.

Paris devait attirer et *retenir* sur lui la foudre. Protégé comme il l'était par une *double et formidable ceinture* de bastions et de forts, renfermant dans son sein une population de laquelle il était très facile d'extraire tous les éléments d'une solide armée, Paris devait contraindre l'envahisseur à *augmenter sans cesse ses troupes* d'investissement, afin de ne lui point permettre d'étendre ses ravages sur le reste de la France.

Or, c'est précisément le contraire qui eut lieu, et même vint le jour, ô honte ! où l'armée prusso-allemande, toute impuissante qu'elle se montrait à s'emparer d'aucun fort, put cependant, à l'aide des obus dont elle accabla ces forts et la ville elle-même, diminuer peu à peu son effectif au point d'être réduite à moins de deux cent mille hommes... pour aider le prince Frédéric-Charles à porter au général Chanzy ces coups désastreux, après lesquels il ne restait plus à la France qu'à subir la paix.

Il est pourtant un axiome de la science militaire qui affirme que, pour *égaler en force* l'assiégé, l'assiégeant doit être cinq fois plus nombreux que lui. La population parisienne, si elle avait été intelligemment organisée et sévèrement *militarisée* par le général Trochu, aurait pu facilement fournir, en moins de trois mois, une brave armée de plus de deux cent mille hommes solidement encadrés par ces vieux sous-officiers qui abondent dans les ateliers de la capitale. Pour devenir *égale en force* à cette armée parisienne, l'armée assiégeante aurait donc dû être portée et maintenue au chiffre d'un million de soldats; mais alors c'eût été le tour de la province à venir, peu à peu, investir sous Paris ce million de soldats.

Notez bien, je vous prie, qu'une fois commencé, le siège de Paris ne pouvait plus être levé, sans que l'ennemi par ce seul fait s'avouât vaincu, et ne fût alors contraint à une retraite humiliante, qui aurait fatalement abouti pour lui à quelque affreux désastre.

Malheureusement, le gouverneur de Paris céda presque gracieusement à la pression démagogique, qui a déjà tant de fois supplicié Paris ! Il permit qu'on armât instantanément tout le monde. Il laissa en même temps dans les journaux et dans les clubs, pérorer tout le monde. Alors que, devant l'ennemi, l'autorité militaire, seule responsable, doit avoir *seule aussi le pouvoir*, le gouverneur de Paris consentit à délibérer sur les choses mêmes de la guerre avec de simples avocats. Cependant, en abandonnant comme il l'avait fait au 4 septembre la cause de l'empire, le général Trochu avait, selon nous, donné aux ennemis implacables de l'empire un gage assez sérieux pour pouvoir en retour réclamer d'eux cette complète et absolue obéissance, qui est le droit strict de tout gouverneur d'une ville assiégée.

Le général Trochu devait exiger impérieusement la dictature et exercer inexorablement devant l'ennemi cette patriotique dictature. Sous la main de fer d'un seul maître, Paris aurait pu sauver, Paris aurait certainement sauvé la France. Privé de cette main rigide, Paris oscilla sans cesse au souffle des factions. Paris demeura, dès lors, impuissant à retenir la foudre et à exercer sur cette épouvantable guerre le rôle prépondérant que lui avait assigné la juste crainte de l'ennemi.

Juste crainte des soldats plus encore que des officiers. Imaginez, en effet, ces pauvres paysans allemands qui, acteurs, déjà peut-être malgré eux, dans les batailles si meurtrières de Reischoffen, de Forbach, de Borny et de Gravelotte, avaient appris tout à coup que « l'ennemi personnel de l'Allemagne, » celui-là seul à qui le roi de Prusse avait déclaré faire la guerre, l'empereur Napoléon, venait à Sedan de se constituer prisonnier ! Certainement, ils jugèrent alors la guerre terminée, et ils se crurent à la veille de retourner dans leurs foyers.

Aussi l'allégresse était-elle à son comble dans l'armée allemande; mais les paysans de la Germanie avaient compté sans l'inextinguible haine des Hohenzollerns pour la France, sans cette haine féroce qui savoura le cruel plaisir de faire défiler devant le roi de Prusse l'armée française, prisonnière à Sedan, aux sons ironiques de la *Marseillaise*, jouée par toutes les musiques des coalisés teutons !

Au début même des hostilités, le roi Guillaume avait déclaré dans sa proclamation qu'il allait combattre l'empereur Napoléon, mais qu'il ne faisait pas la guerre à la Nation Française. Cette solennelle affirmation royale n'était qu'un piège destiné à semer la discorde entre le peuple français et Napoléon III. Aussi la déception fut-elle cruelle dans les rangs des soldats allemands, lorsqu'ils virent qu'au lieu de la paix, dont ils se croyaient déjà sûrs, ils allaient continuer la guerre, mais cette fois-ci la guerre contre la France elle-même. Aussi une terreur superstitieuse s'empara-t-elle de beaucoup d'entre eux, quand ils apprirent qu'ils allaient faire le siège du terrible Paris, et plusieurs témoins oculaires nous ont affirmé qu'il fallut faire alors jouer la crosse des fusils de leurs caporaux, pour forcer les soldats allemands à marcher sur les routes qui les allaient rapprocher de ce Paris, objet pour eux d'un si profond effroi !

IV

Une panique à Versailles

Moins de vingt jours après la catastrophe de Sedan, l'armée prusso-allemande procédait à l'investissement de Paris, que le général Trochu ne se trouva pas en mesure d'entraver sérieusement. Peut-être cependant aurait-il pu le faire si, du jour de sa nomination comme gouverneur, il s'était exclusivement occupé à coordonner, pour l'œuvre militaire et patriotique de la défense, toutes les forces vives que renfermait Paris; mais, d'un autre côté, il ne faudrait pas croire que les chefs des coalisés teutons aient réussi très vite à garantir l'armée d'investissement contre tout refoulement de la part des assiégés. Nous trouvons la preuve des difficultés qu'ils ont eues à vaincre dans le désarroi momentané dont l'armée prusso-allemande donna aux Versaillais le surprenant spectacle vers le milieu du mois d'octobre, c'est-à-dire, juste un mois après que cette armée eût effectué l'investissement de Paris.

Un de nos amis, M. Duroy de Brugnac habitait alors Versailles. Etonné un jour d'entendre se joindre au sourd grondement des pièces de siège le son plus vif et plus éclatant de l'artillerie de campagne, il sortit de chez sa mère qui avait été contrainte de loger chez elle plusieurs « grosses légumes » de l'état-major prussien. Une fois dans la rue, notre ami vit les passants s'aborder avec mystère. On se disait à l'oreille : — Les Parisiens tentent une sortie sur Versailles.

Anxieux, comme on le peut penser, notre ami se dirigea à la hâte vers une maison, située près du lycée, et qui est surmontée d'un haut belvédère. Le bruit des pièces de campagne devenait à chaque instant plus net et plus vibrant. Certainement, les Parisiens approchaient. Du haut de ce belvédère, notre ami tenait ses regards fixés dans la direction de la canonnade; mais son horizon se trouvait borné par la colline qui enserre un vallon boisé.

Il ne pouvait donc rien apercevoir du champ de bataille lui-même. Tout à coup notre ami se trouva assister à un spectacle, qui fit bondir d'espoir son cœur patriote. A travers les arbres du bois de Fausse-Repose, il voyait les cuirassiers blancs, ces fameux cuirassiers dont le prince de Bismarck se plaît à revêtir l'uniforme, lorsque le chancelier de l'empereur Guillaume doit monter à la tribune du Reischtag prononcer un de ces discours qui tiennent en suspens l'Europe; il les voyait ces cuirassiers blancs, presque couchés sur le col de leurs montures, lardant à coups d'éperon les flancs de leurs chevaux, et fuyant à bride abattue, comme affolés par la terreur! Notre ami dégringola au plus vite de son observatoire.

Une terreur égale à celle des cuirassiers blancs commençait à gagner la garnison de Versailles. Dans toutes les rues, les soldats fuyaient. Devant la demeure du roi Guillaume, notre ami put voir les marmitons de la cuisine royale jetant dans des fourgons la vaisselle plate, des casseroles, des chaudrons, des ustensiles de cuisine, pêle-mêle avec des provisions de bouche, jusqu'à des poulets tout embrochés et à moitié rôtis. Cavaliers, fantassins, officiers, fourgons, tout cela s'enfuyait à titre d'aile dans la direction de Saint-Cyr. Pendant une heure, Versailles fut comme délivré de la présence de l'ennemi.

Puis, les Parisiens ne se montrant point, les Prusso-Allemands reparurent bientôt en maîtres. Les rues furent sillonnées par de fortes patrouilles, et barrées par des sentinelles. Bref, au moyen d'un gros déploiement de troupes, l'état-major du maréchal de Moltke voulut à son tour infliger aux Versaillais cette terreur que les Parisiens, inconscients, venaient de lui faire à lui-même subir...

Le lendemain, le journal officiel allemand qui se publiait à Versailles, annonçait que « l'ennemi avait fait la veille une reconnaissance en avant du Mont-Valérien. » C'était, en effet, une simple reconnaissance, sous les ordres du général Ducrot, qui avait causé aux Prusso-Allemands cette incroyable panique. Elle avait eu le don de faire sortir de Versailles le roi de Prusse et de pousser cet héroïque vainqueur tout d'une traite jusqu'à Saint-Germain.

Supposez, maintenant, au lieu d'une simple reconnaissance faite avec de jeunes mobiles, une division de vieux soldats placée sous les ordres du général Ducrot, et marchant résolument sur Versailles. Ne pouvons-nous pas conclure de la panique précitée que l'investissement de Paris était encore, à la mi-octobre, une chose très précaire? Ne pouvons-nous pas en conclure aussi que la panique inconcevable des Prusso-Allemands aurait fort bien pu, devant ces vieux soldats, se transformer instantanément en une irrémédiable déroute? Songez à l'effet moral qu'aurait produit dans toute l'armée assiégeante cette nouvelle : — Le roi de Prusse a été délogé de son quartier-général!

Malheureusement les factions n'ont pas permis, ni au général Trochu de combiner, ni au général Ducrot d'exécuter une sérieuse marche sur Versailles qui, dans la seconde moitié d'octobre, aurait fort bien pu, d'après ce que nous venons de raconter, avoir pour conséquence la rupture du blocus de Paris.

V

Une Conférence sur le Plébicite

La panique prusso-allemande dont les Versaillais venaient d'avoir le réjouissant, mais trop court spectacle, était un avertissement que ne devait point négliger l'ennemi. L'état-major prussien fit immédiatement éclaircir les bois qui entourent Versailles, ceux surtout par lesquels les Parisiens pouvaient venir en tapinois. Des redoutes furent élevées, qui défilaient toutes les routes. D'innombrables fils de fer, presque à rase terre, furent fixés aux souches, de manière à entraver la marche des assaillants. Bientôt le quartier-général put se croire à l'abri de toute surprise, et assez fortifié pour résister à toute attaque.

Pendant ce temps, que faisaient les Parisiens ? Les gardes nationaux de service aux bastions passaient la plus grande partie de la journée à boire où à jouer *au bouchon* ; et lorsqu'ils n'étaient pas de service, ils se donnaient le devoir d'aller faire en armes un pélerinage à la statue de la ville de Strasbourg. Le hasard nous fit un jour rencontrer l'un de ces bataillons défilant gravement dans la rue de Rivoli. Ce bataillon était commandé, nous a-t-on dit alors, par les citoyens Eudes et Millière.

Les allures des chefs et de la troupe étaient étranges. Sur leur passage les boutiques se fermaient ; on paraissait craindre une émeute. Ce jour-là, il n'en fut rien ; mais il était évident que les chefs méditaient quelque chose et qu'ils n'attendaient qu'un prétexte.

La nouvelle de la reddition de Metz, coïncidant avec la prise du Bourget, parut à Blanqui et consorts une occasion favorable pour supplanter les hommes du 4 Septembre. Ces singuliers patriotes réussirent, en effet, à confisquer pendant quelques heures les principaux membres du gouvernement de la Défense. Le général Trochu fut un instant dans l'Hôtel-de-Ville prisonnier de Gustave Flourens, qui le récompensa ainsi de l'avoir nommé « major de rempart » et d'avoir accordé des chassepots, grande faveur ! aux hommes de son bataillon. Ceux-ci ne s'empressèrent-ils pas de lâcher pied, dès la première nuit qu'ils furent envoyés dans les tranchées de Créteil devant l'ennemi !

— Nous gardons nos chassepots pour les *Prussiens de l'intérieur*, déclaraient cyniquement ces aimables Bellevillois.

Le général Clément Thomas, commandant en chef de la garde nationale, flétrit alors dans un ordre du jour indigné ces misérables citoyens, qui, six mois plus tard, se vengèrent de cette flétrissure par l'assassinat du vieux républicain, et par celui d'un valeureux soldat, le général Lecomte.

On nous a affirmé, pendant le siége, que la triste échauffourée du 31 octobre avait retardé d'un grand mois la sortie, méditée par le général Trochu, dans la direction de la Basse-Seine. Durant ce mois de novembre, les Prusso-Allemands ont eu largement le loisir d'élever autour de Paris redoutes sur redoutes, de fortifier si bien leur ligne d'investissement qu'elle en devenait presque infranchissable ; mais l'échauffourée blanquiste eût encore la déplorable conséquence d'aviver au plus haut degré, parmi les Parisiens, les haines politiques. Aussi les hommes du 4 Septembre se virent-ils forcés de demander à la population parisienne un plébiscite en leur faveur.

Pour donner une idée du désordre qui régnait en ce temps-là dans Paris, il faut dire que les officiers de cette énorme cohue parisienne — garde nationale, artillerie, garde mobile, canonniers-auxiliaires, sapeurs-auxiliaires du génie, francs-tireurs — avaient obtenu leurs grades des votes de leurs subordonnés. De là certains actes de désobéissance, qui devinrent si fréquents et si graves, que le général Leflô dût reprendre son droit de nomination. Notre compagnie resta, cependant, comme beaucoup d'autres, sous le commandement de ses chefs élus. Notre capitaine-commandant était brave, suffisamment manœuvrier, débrouillard, mais d'une telle légèreté et d'une telle intempérance de langue, qu'il n'est jamais parvenu à tenir dans sa main, ainsi que tout bon chef le doit faire, ses trois cents hommes.

Parmi nous, avait été admis, vu son âge comme volontaire, un ancien marin devenu avocat. Marié à une femme riche, actionnaire du *Siècle*, et patronné par ce journal, le susdit avocat s'était porté candidat à la députation dans un département voisin de Paris. Il avait échoué, mais l'opposition à l'Empire l'avait gratifié de 12,000 voix. L'avocat-canonnier épatait notre capitaine, qui bientôt ne jura plus que par lui. Inutile d'ajouter que cela seul suffisait pour qu'il fut détesté presque unanimement par les autres officiers et par les simples canonniers.

La veille du plébiscite, nous étions dans l'après-midi au travail, lorsque nos trompettes parcoururent les bastions en annonçant « le repos », afin de permettre aux canonniers d'assister à une conférence sur le plébiscite, que l'avocat avait obtenu du capitaine l'autorisation de faire dans un grand châlet, à usage de brasserie, situé en face même d'un bastion, de l'autre côté de la route militaire.

A cette nouvelle, les bras nous tombèrent de stupeur ; mais il nous était impossible de rejoindre le capitaine et de tenter de le faire revenir sur cette autorisation si fâcheuse, car la foule des canonniers se précipitait déjà dans le châlet, où elle avait été précédée par le capitaine, qui allait présider la séance, assisté des membres du conseil de famille. Nous entrâmes l'un des derniers dans la salle. Le capitaine nous cria que notre place était marquée, comme membre du conseil, auprès de lui ; mais d'un signe de tête nous refusions d'aller la prendre, préférant rester avec les simples auditeurs.

Le conférencier monta aussitôt sur l'estrade, et commença son discours. L'assemblée était houleuse. A part quelques bourgeois, elle se composait d'ouvriers, contre-maîtres, etc. Grands liseurs de journaux rouges, ces ouvriers étaient presque tous naïvement révolutionnaires. Cependant, à l'exception d'une dizaine de vrais gredins, nous déclarons hautement n'avoir jamais eu qu'à nous louer de nos rapports avec ces braves gens, sans doute aveugles en politique, mais honnêtes, bons pères de famille, et vraiment patriotes.

L'orateur commença par flétrir l'échauffourée du 31 octobre. Il n'avait assurément pas tort ; mais, grisés par leurs journaux favoris, les auditeurs ne voulurent point admettre qu'il put avoir raison. Alors le conférencier, opportuniste bien avant Gambetta, imagina une diversion. Il se mit à parler contre la religion. Il attaqua les catholiques.

Parmi ces trois cents canonniers, plusieurs se trouvaient avoir conservé les sentiments religieux de leur jeunesse. L'un d'entr'eux se leva, qui paraissait personnellement visé par l'orateur. Debout sur son banc, il somma l'astucieux avocat de respecter en lui la liberté de conscience, et de se renfermer dans le sujet qui faisait l'objet de la conférence autorisée par le capitaine. De toutes parts, on entendit alors les cris : « Assis » mêlés aux cris : « Vous répondrez ! » Mais l'interrupteur, ayant dit ce qu'il voulait dire, était parfaitement décidé à ne reprendre point la parole pour répondre par un discours au discours de l'avocat. C'était cependant, au dire de ses voisins, ce que désirait surtout l'assemblée. L'orateur s'y trompa ; il crut qu'il avait gagné à sa cause tout son auditoire, et il voulut achever son propre triomphe.

D'un ton hypocritement emphatique, il jura qu'il était plein de respect pour la conscience d'autrui, mais que, pour lui, il ne croyait absolument à rien.

— Je suis athée ! s'écria-t-il d'une voix éclatante.

Amère déception ! De rares applaudissements durent en ce moment lui prouver qu'il s'était, comme l'on dit vulgairement, mis le doigt dans l'œil. Forcé alors de se renfermer dans son sujet, il se décida à conclure par l'apologie des hommes du 4 Septembre ; mais il ne put aller jusqu'au bout de sa péroraison. Entraînée par les blanquistes, pourtant fort peu nombreux, une grande partie de l'assemblée se précipita sur lui, et sans les membres du conseil, qui le protégèrent, le conférencier aurait été peut-être assommé sur place.

Le soir même, le capitaine nous abordait en riant : — Hein, quelle mazette, cet avocat !

— Sans doute, lui avons-nous répondu, c'est une mazette, mais... c'est aussi autre chose. Le capitaine ne parut pas du tout nous avoir compris.

Quelques jours après, l'avocat-canonnier annonçait à ses camarades sa nomination au poste d'avocat-général près la Cour de Paris ; mais il marquait en même temps son intention de rester volontaire dans la compagnie. Pour le coup, il allait cesser d'être aux yeux du capitaine une mazette !

Après la bataille de Champigny, et le retour de l'armée parisienne sur la rive droite de la Marne, une section de notre compagnie fut chargée d'armer une redoute, en avant de Nogent. Un jour que nous revenions tout seul prendre notre repas au fort, le cuisinier nous annonça, d'un air piteux, que deux ministres avaient été amenés par l'avocat pour déjeuner avec le capitaine, et que les provisions apportées par eux ayant été insuffisantes, il n'avait plus rien à nous servir.

Sautant alors sur un pain de munition, nous allions nous contenter d'une tasse de café, lorsque nous voyons reparaître notre cuisinier, le sourire sur les lèvres, apportant d'une main une assiette pleine de soupe, et de l'autre un plat sur lequel nous apercevons avec un sensible plaisir notre réglementaire portion de bœuf.

— Je leurs ai dit qu'il n'y avait plus rien, à ces gueulards-là, nous fit-il, car j'aurais mérité d'être fusillé, si j'avais laissé crever de faim pour eusss un de mes canonniers.

Alors l'interrogeant : — Comment s'appellent ces deux ministres ?

— Le citoyen Picard, dit-il d'une voix emphatique, et le citoyen *Ragot*.

Dans l'après-midi de ce jour, la compagnie fut commandée pour aller en armes sur les bords de la Marne. Nous passons par quatre files devant le poste de garde. Après le pont-levis, nous remettons la carabine sur l'épaule droite ; mais à peine étions-nous engagés sur le chemin courbe, creusé dans le glacis, que le capitaine commande de sa plus belle voix : — Garde à vous ! Portez armes !

Etonnement général. Bientôt nous nous expliquons cet ordre, en apercevant sur la crête du glacis une silhouette, qui veut paraître majestueuse et qui, singeant Napoléon, s'apprête sans doute à nous dire : — Soldats ! Je suis content de vous.

Alors, une idée folichonne passe par la cervelle du canonnier n° 4 de la 1re file. Il dit tout bas :

— Armes sur l'épaule droite !

Le premier *rang s'empresse d'exécuter ce mouvement, que* suivent aussitôt tous les autres ; mais la silhouette n'en donna pas *moins son salut napoléonien, car le capitaine avait abaissé son* sabre très humblement devant elle.

— Pourquoi cette mauvaise plaisanterie, cria *tout* en colère notre chef ?

— Dame, mon capitaine, un ministre de la République n'est ni un roi, ni un empereur. Lorsqu'il lui plaît de se promener, il n'a pas droit aux honneurs militaires.

Le capitaine ne nous répondit rien.

Plus tard, nous avons appris de M. F. Moreau, alors syndic des agents de change, que le ministre Picard avait l'habitude de haranguer les bataillons qui sortaient. Un jour, le ministre venait de parler chaudement à ces citoyens du bonheur de mourir pour la patrie, lorsque, après le défilé, il se retourna vers M. Moreau, passa son bras sous le sien, et tout goguenard lui dit à l'oreille : — Défense d'opéra-comique, mon cher !

O impudence ! O cynisme ! Que doivent penser des hommes du 4 Septembre, ces milliers de familles, qui ont perdu fils, pères, maris ou frères, pour une défense d'opéra-comique ?

Quant au canonnier-auxiliaire improvisé avocat-général par M. E. Arago, *il n'a gardé que pendant deux ou trois ans sa robe* rouge et sa toque galonnée d'or. Il dut enfin renoncer à marier la sévère Thémis, déesse de la Justice, avec le peu scrupuleux Mercure, dieu du Commerce. Tous les journaux de l'époque ont raconté sa mésaventure sous ce titre : « Un avocat-général courtier en parfumerie ». L'ami d'Ernest Picard donna sa démission au plus vite pour éviter une destitution. *Sic transit gloria Buffardi !*

VI

Un Maître-Farceur

Certain soir du commencement du siége, une averse subite nous surprît sur la place de la Madeleine, et nous contraignit de nous réfugier dans un café situé sur le boulevard, au coin de la rue Duphot. La première salle était presque vide. Un seul consommateur se tenait blotti dans un coin, fumant et lisant un journal. A notre entrée, il leva machinalement la tête, et nous fit reconnaitre en lui la personne très parisienne de M. Edmond Texier. Une fois assis, avec une tasse de café devant nous, nous lisions de notre côté, tout en fumant, un journal, lorsque la porte s'ouvrit de nouveau. Quelqu'un entrait, qui s'arrêta un instant à nous regarder. Ce nouvel arrivant nous était absolument inconnu.

Il faut croire que notre visage lui était également inconnu, car après nous avoir un instant examiné, d'un œil trop scrutateur pour un homme bien élevé — ce qui nous fit froncer aussitôt le sourcil et le toiser de la tête aux pieds — le quidam passa outre. Il traversa la salle et sembla, comme un habitué, se disposer à monter à l'entresol; mais parvenu au milieu même de cette salle, il aperçut alors notre voisin, car il s'arrêta tout à coup.

— Bonsoir, Texier, lui dit-il familièrement de loin. — Ah! bonsoir, répondit M. Texier, du ton d'un homme ennuyé d'être interrompu dans sa lecture.

— Figurez-vous, mon cher, reprit l'autre sans toutefois se rapprocher, qu'il vient de m'arriver une chose assez étrange.

— Vraiment! fit M. Texier, toujours du même ton.

— Oui, j'étais dans mon cabinet... En ce moment, nous nous sommes mis à regarder M. Texier.

Ses lèvres esquissaient un fin sourire, qui semblait dire : Connu! cabinet... petits navets... petits lardons... cent coups de bâton! — Mais l'autre était trop plein de lui-même, ainsi que de son sujet, pour avoir saisi le furtif sourire de M. Texier. Il continua donc d'un ton déclamatoire : J'étais dans mon cabinet, lorsque j'entends une altercation dans l'antichambre. Je sonne. L'huissier paraît, et me dit que c'est Mme X... la femme du banquier, qui prétend avoir quelque chose de très pressé à me dire, et qui insiste pour passer avant tout le monde.

Alors je me précipitai dans l'antichambre. — Comment! Madame, m'écria-je, parce que vous êtes la femme d'un banquier, vous vous refusez à attendre votre tour! Sachez, Madame, que nous ne sommes plus au temps des privilèges. Nous vivons sous le règne de la plus absolue égalité. Tous les banquiers du monde ne pourraient pas me faire consentir au moindre passe-droit. Sortez donc Madame, car je ne connais que le Peuple. Le Peuple seul est mon maître!... N'est-ce pas, Texier, que j'ai bien fait de la traiter ainsi cette femme de banquier?

— Oui, répondit M. Texier, comme s'il voulait en finir avec cet insupportable poseur, car il était trop homme d'esprit et de tact, pour n'avoir point souffert de se voir confondu par ce quidam avec tous les jobards, qui gobent les boniments des orateurs de clubs, aussi bien que ceux des historiens de foire. Satisfait, paraît-il, de l'approbation pourtant fort laconique de M. Texier, le quidam quitta la salle et monta à l'entresol rejoindre ses amis, en jetant à M. Texier un dernier bonsoir.

L'averse ayant cessé, nous nous disposions à sortir ; mais auparavant nous tenions à connaître le nom de l'ennemi incorruptible des banquiers, le nom du grossier fonctionnaire qui, pour caresser une basse popularité, n'avait point eu honte de rudoyer une femme, et qui poussait l'impudence jusqu'à s'en glorifier. Nous demandons son nom au garçon de café, qui tout étonné de notre ignorance nous répond : Jules Ferry!

Cet incident du café de Londres, pendant le siège, nous nous le sommes il y a quelques mois rappelé, en apprenant les rapports plus ou moins amicaux qui ont, depuis cette époque, existé entre M. Jules Ferry et le banquier berlinois Bleichrœder. Celui-ci pourtant n'est pas seulement un banquier. Ce n'est même pas un simple Prussien. C'est l'un des plus actifs agents du prince de Bismarck. C'est le Shyloch teuton qui, d'accord avec son maître, se proposait, en 1871, *par nous ne savons plus quelles combinaisons* pseudo-financières, de nous arracher plusieurs milliards en sus des cinq milliards officiellement exigés par nos vainqueurs. M. Bleichrœder est l'un des plus dangereux et des plus perfides ennemis de la France.

Nous excuserions volontiers M. Jules Ferry de n'avoir point été poli envers lui ; mais nous ne pourrions pas cependant l'absoudre, s'il s'était permis d'être grossier envers la femme *prussienne* du banquier berlinois, comme il s'est vanté devant M. Texier, et devant nous-même, de l'avoir été envers la femme *française* d'un banquier parisien, qu'un très sérieux motif poussait sans doute à vouloir pénétrer au plus vite dans son cabinet.

Ne se sont-ils pas montrés presque tous de vrais cabotins, ces hommes du 4 septembre, qui ont tenu dans leurs mains aussi impudents qu'incapables, le malheureux Paris et la non moins malheureuse France ?

VII

La grande sortie

Le 30 novembre au matin, divisée en plusieurs corps d'attaque, l'armée parisienne s'avança, depuis Charenton jusqu'à Saint-Denis, vers les lignes d'investissement établies par l'armée prusso-allemande. Sur toute la rive droite de la Seine, elle trouva l'ennemi préparé de longue main à recevoir son choc. Il semble cependant que l'amiral de La Roncière, en marchant sur Epinay, et le général Ladreit de la Charrière, en s'emparant de Montmesly, n'avaient pour but que d'occuper et de distraire l'ennemi. Cette double diversion, vigoureusement exécutée par les ailes de l'armée parisienne, aida au passage de la Marne par le centre, et lui facilita la possession du plateau de Champigny.

Commandés par le général Ducrot, les Français réussirent, en effet, à passer la Marne sur sept ponts de bateaux, et attaquèrent résolument les Prusso-Allemands à Bry-sur-Marne ainsi qu'à Champigny. La pièce que nous servions fut chargée, avec d'autres, de soutenir l'attaque de Bry, qu'un bataillon de zouaves, sous les ordres de l'énergique commandant Vitalis, enleva avec une vigueur, une *maëstria*, qui faisait ressouvenir d'Inkermann et de Palestro. A la pâle clarté d'un beau soleil d'hiver, les larges pantalons rouges des zouaves se détachaient comme des coquelicots sur la teinte brune du coteau. On voyait ces zouaves, ne s'arrêtant qu'une seconde pour lâcher leur coup de fusil, gravir sous une épouvantable fusillade, et presque au pas de course, la pente assez raide qui des bords de la Marne aboutit au plateau de Champigny.

Plus tard, notre pièce fut pointée sur une maison blanche, située en avant de Villiers, au milieu d'une plaine légèrement ondulée, et autour de laquelle la fumée de la fusillade nous indiquait qu'elle était attaquée par les Français. Puis, la fumée s'étant dissipée, nous en avions conclu que l'ennemi avait évacué la maison, et nous avions alors cessé de la prendre pour objectif; mais un colonel d'état-major vint nous donner, de la part du général Ducrot, l'ordre de tirer sur cette maison. Malgré les observations qui lui furent faites, tendant à lui démontrer que le combat s'était déplacé, le colonel insista. Nous n'avions donc plus qu'à obéir, et à envoyer sur la maison blanche un nouvel obus; après quoi, le colonel n'étant plus là, nous cessâmes de tirer sur cette maison.

Or, quelques jours après, un de nos amis, volontaire dans une compagnie franche appelée, croyons-nous, « les zouaves du général Ducrot » nous racontait que sa compagnie avait été justement chargée par le général d'attaquer cette même maison blanche. Elle avait réussi à en déloger les Allemands ; malheureusement, trois zouaves s'étant attardés dans la maison, avec l'espoir de « chaparder » ce qu'aurait bien pu y laisser l'ennemi, avaient été tués tous les trois par un obus venu du côté des Parisiens et qui avait éclaté au milieu d'eux. Cet obus se trouva être le dernier de ceux lancés par nous sur cette maison blanche. On vient de le voir, en lançant ce dernier obus, nous n'avions fait qu'obéir à un ordre formel. Quant aux trois victimes, qui nous doivent la mort, elles n'ont été frappées que parce qu'elles n'étaient point à leur poste ; plus disciplinés, ces trois soldats seraient peut-être, comme leur camarade notre ami, encore vivants...

Toute la journée se passa pour les deux armées à se disputer pied à pied le terrain ; mais il est demeuré bien vite évident que les forts et redoutes de Paris, en accablant sous leur tir allongé jusqu'aux réserves de l'ennemi, finiraient par briser tous ses efforts. Vu de loin, avec ses pièces relevées à 45 degrés, le fort de Nogent paraissait un volcan en pleine irruption.

Les Prusso-Allemands ne tardèrent pas à comprendre que, plus grands seraient leurs efforts, plus grandes deviendraient leurs pertes. Aussi se résignèrent-ils, vers la fin du jour, à laisser les Parisiens en possession du champ de bataille. Ils firent retraite, et s'éclipsèrent peu à peu, laissant à leur artillerie le soin de les couvrir. Celle-ci, en face des Parisiens, qui s'abstenaient de les poursuivre, put opérer elle-même sa retraite aussi tranquillement, aussi méthodiquement que si elle s'était trouvée sur un simple champ de manœuvre.

A notre gauche le soleil disparaissait, teintant en rouge tout l'horizon occidental ; mais devant nous, la nuit commençait à tomber, teintant en noir tout l'horizon septentrional. De cinq en cinq minutes, cette nuit était tout à coup comme percée par d'éclatantes langues de feu, accompagnées d'un vif éclair, auquel succédait bientôt un formidable grondement ; mais chaque fois que ces langues de feu et ces éclairs venaient à reparaître, les langues de feu étaient moins éclatantes, les éclairs moins vifs et les grondements, devenus plus sourds, mettaient aussi plus de temps à leur succéder.

C'est à la diminution d'éclat dans ces éclairs et au plus long espace de temps entre ces éclairs et ces grondements, que nous pouvions constater les progrès faits en arrière par les Prusso-Allemands. Elle dura assez longtemps cette retraite, par échelons, de l'artillerie ennemie, tant est toujours poussée à l'extrême la prudence prussienne !

Enfin, au milieu de la plus profonde obscurité, on vit encore deux petites et subites clartés, semblables au feu de deux allumettes qui éclatent ; puis, une minute plus tard, on entendit encore comme le sourd roulement d'un tambour voilé de crêpe. Ce sont les derniers coups de canon tirés par les Prusso-Allemands dans la bataille de Champigny, le 30 novembre 1870. Ces derniers coups ont dû être tirés de fort loin, car leurs obus éclatèrent eux-mêmes assez loin, pour faire seulement le bruit de deux inoffensifs pétards...

VIII

Le Deux Décembre

Le 1er décembre, à l'aube, nous longions en compagnie de plusieurs officiers la tranchée que des soldats étaient occupés à creuser en avant de Bry. C'était la curiosité qui nous amenait là. Nous espérions voir quelles dispositions allaient prendre les Prusso-Allemands ; mais déjà l'on parlait d'un armistice de vingt-quatre heures pour permettre à chaque armée d'enterrer les milliers de morts qui étaient encore partout gisants sur le champ de bataille.

La brume matinale empêchait nos regards de se porter au loin. Parvenus au bout de cette tranchée, à l'endroit même où le terrain s'abaisse rapidement jusqu'à la Marne, nous sommes frappés par la vue d'un groupe de cinq cadavres de soldats français. Trois de ces malheureux ont été décapités, probablement par le même obus, qui a dû escarbouiller entièrement leurs têtes ; mais non. Par le plus bizarre de tous les caprices, ce brutal obus ne s'est-il pas avisé de déposer sur l'herbe, l'on dirait avec la légèreté d'une main féminine, à côté même de l'un de ces trois décapités, la moitié de son visage ! Nous aurions connu vivant ce pauvre soldat, qu'à la vue de ce pâle profil nous le reconnaîtrions. Le front, l'arcade sourcilière, le nez, la moustache, la joue et le menton sont là, exsangues, et nous font songer, malgré nous, au masque enfariné d'un pierrot de carnaval.

Tout-à-coup, nous sommes tirés de cette triste contemplation par un bruit sourd, semblable à celui d'un outil qui tombe lourdement sur le sol derrière nous.

— Mâtin ! s'écrie le sergent, qui surveille les soldats occupés à creuser la tranchée. A-t-il eu de l'esprit, celui-là, de tomber sur une terre fraîchement remuée ! Il s'y est enfoui au lieu d'éclater. Un mètre plus à droite ou plus à gauche et, tombant sur la terre gelée, il nous faisait sauter tous ; mais d'où peut-il donc venir ? De la lune, sans doute, car il n'y a pas le moindre vent, et nous n'entendons aucune détonation.

Il était, en effet, fort étrange cet obus, qui venait de s'enfouir sous nos pieds, sans que nos oreilles aient perçu le bruit du canon qui l'avait lancé ; mais son arrivée ne faisait-elle pas prévoir une prochaine attaque de la part de l'ennemi ? Il nous fallait donc, par prudence, retourner à notre poste. Les zouaves du commandant Vitalis étaient justement campés tout près de cette tranchée, au milieu d'un verger. Nous abordons un officier, et nous lui parlons de l'obus mystérieux. Le jeune homme nous répond en riant :

— Eh ! mais, c'est tout simple. Il a été lancé hier soir. Dans la nuit, il s'est gelé. Au soleil du matin, il s'est dégelé, et en obus consciencieux il a tenu à reprendre sa course. Voilà tout.

Nous sourions, comme l'on pense, en écoutant cet officier rajeunir pour cet obus la célèbre boutade de l'un de nos immortels auteurs.

Ce pauvre bataillon de zouaves avait été fort éprouvé dans sa magnifique attaque de la veille. Vers le soir, le général Trochu était venu féliciter les soldats et leur brave commandant. Le bataillon avait perdu la moitié de son effectif, presque tous ses officiers avaient été tués ou blessés, et c'était maintenant le plus ancien sergent-major qui remplissait dans le bataillon les fonctions de capitaine adjudant-major.

L'obus, tombé le matin dans la tranchée, n'a été suivi d'aucun autre. Pendant toute cette journée du 1er décembre, assiégeants et assiégés ne se sont occupés qu'à déblayer le terrain de leurs blessés et de leurs morts. La journée se passa donc dans le plus grand calme ; mais il n'en fut point ainsi le lendemain. Avant même que le jour ait pu percer un brouillard des plus intenses, à la faveur de cette demi-obscurité, trente mille Prusso-Allemands réussirent à surprendre les troupes françaises campées sur la rive gauche de la Marne, et tentèrent, ne les pouvant envelopper, de les précipiter dans la rivière. Le bataillon de grand'garde, posté en avant de Bry, fut, grâce au brouillard, fait tout entier prisonnier, sans avoir pu une seule minute se défendre.

Heureusement pour nous, des mitrailleuses se mirent à faucher à travers le brouillard ces masses profondes, qui ne cessaient point de s'offrir à leurs impitoyables coups. Accompagnée par la ronflant grondement des canons, la note lugubre, déchirante, des mitrailleuses donnait à ce combat dans l'obscurité un caractère des plus étranges. Enfin, vers onze heures, semblable à un rideau qui se lève, le brouillard disparait tout à coup. Il cède la place à un magnifique soleil, qui éclaire dans tous ses détails une horrible scène de carnage. Grâce à nos forts et à nos redoutes, qui ont le plus possible allongé le tir de leurs pièces, mais grâce surtout aux mitrailleuses, la fougue de l'ennemi est enfin brisée. Des milliers et des milliers de cadavres allemands, montés comme à Gravelotte les uns sur les autres, témoignent autant de l'ardeur de l'attaque que de la vigueur de la défense.

Cependant, vers une heure, nous voyons une colonne noirâtre apparaître tout à coup dans la direction de Villiers. Nous la saluons aussitôt d'un fort paquet d'obus, qui y jettent un instant le désordre. On s'attend néanmoins à une nouvelle attaque. Il n'en est rien. Cette colonne n'est ni accompagnée, ni suivie d'aucune autre. Elle disparait bientôt à l'horizon.

Si nos généraux avaient eu la sérieuse intention de faire prendre à une partie de l'armée parisienne la route de Lagny, ils ont dû, après les combats brillants, mais négatifs, du 30 novembre et du 2 décembre, renoncer à ce projet trop plein de hasards. Les troupes reçurent donc l'ordre de repasser la Marne, laissant le champ de bataille neutralisé pendant quelques jours, pour la recherche des blessés et l'enfouissement des morts. Les zouaves de notre ami, le commandant Vitalis, formant l'arrière-garde, devaient rester sur la rive gauche de la Marne les derniers.

Pendant la nuit qu'ils passèrent seuls sur la rive gauche, un jeune avocat, engagé avec plusieurs de ses camarades dans le bataillon, se trouvait posté en sentinelle avancée, lorsqu'il vit apparaître tout à coup devant lui un falot et un officier allemand, lui criant en français :

— Qui commande ici ?

— Un *général*, répondit instantanément le jeune zouave.

— Alors, reprit l'officier, conduisez-moi à votre général.

— La sentinelle appela son sergent, se fit remplacer, et avec les formalités d'usage conduisit l'officier ennemi auprès de son chef. Du plus loin qu'il aperçut le commandant Vitalis, heureusement enveloppé dans une pelisse garnie de fourrures qui masquait ses galons, le jeune zouave lui cria :

— Mon général, voici un officier allemand qui demande à vous parler.

Vitalis comprit aussitôt et s'écartant du feu de bivac, du reste presque éteint, il dit à l'officier d'un ton très sec :

— Que voulez-vous ?

L'autre, saluant avec respect, lui répondit :

— Mon général, j'ai besoin de fouiller le taillis pour découvrir nos morts. Je viens donc vous prier de reculer un peu la ligne de vos sentinelles.

— C'est entendu, Monsieur, je vais donner des ordres.

— Mon général, je vous salue, reprit l'officier en se retirant ; mais si le commandant Vitalis recula d'un côté ses sentinelles, il les avança sur un autre point, pour mieux surveiller l'ennemi.

Que serait-il advenu du bataillon des zouaves, sans la présence d'esprit du jeune avocat? Peut-être aurait-il eu le sort du bataillon de grand'garde dans l'affaire du 2 décembre. Peut-être eût-il été écrasé dans la nuit même sous l'effort d'une masse d'ennemis; mais croyant à la présence d'un général sur la rive gauche, les Prusso-Allemands jugèrent les Français trop nombreux pour se laisser écraser par eux. Leur attaque du 2 décembre les avait rendus plus circonspects.

Qu'est devenu depuis le jeune zouave? Nous l'ignorons, et nous regrettons de n'avoir pas retenu son nom, que nous serions en ce moment heureux de faire connaître à nos lecteurs. Quant au commandant Vitalis, il est retourné auprès de sa famille, à Constantinople. Choisi plus tard par la commission européenne pour commander les milices rouméliotes, il est devenu le premier ministre de la guerre d'Aleko-Pacha. Organisées par lui, ce sont ces milices rouméliotes qui ont fait plus tard Alexandre de Battenberg vainqueur de l'armée serbe, à Sliwnitza. Le général de division comte Vitalis-Pacha est actuellement aide-de-camp du Sultan Abdul-Hamid.

Dans l'hiver de 1880, nous avons fait avec Ignotus et le sergent Hoff un pèlerinage sur les bords de la Marne et sur le plateau de Champigny. Sauf les arbres, devenus plus grands, le paysage était toujours le même dans ses principales lignes ; mais les traces de la guerre avaient complètement disparu. Non loin du monument commémoratif de Bry, Hoff nous indiqua la place qu'occupait le bataillon de grand'garde dont il faisait partie, lorsque grâce au brouillard, les ennemis l'enveloppèrent si rapidement que le bataillon tout entier fut fait prisonnier, sans avoir eu le temps de se défendre. Notre compagnon ajouta :

— Le secret de mon nom fut si bien gardé par tous mes camarades, que jamais les Allemands n'ont été sûrs qu'ils tenaient Hoff prisonnier.

Cela ne fait-il pas autant d'honneur aux camarades du sergent Hoff, qu'au sergent Hoff lui-même?

A droite du monument de Bry, il est un champ qui ne se distingue en rien des autres champs voisins. Là, pourtant, en 1870, était le trou béant d'une carrière dans laquelle on a enfoui trois mille victimes de l'épouvantable invasion méditée par la haineuse et cupide Prusse contre la trop riche et trop généreuse France.

IX

La Deuxième Journée du Bombardement du Fort de Nogent

Quelques jours après la bataille de Champigny, un de nos amis, ancien officier dans la marine américaine, était introduit auprès du général Ducrot qui, le félicitant sur l'initiative dont il avait fait preuve pendant le combat, lui annonçait sa nomination au grade de chevalier de la Légion d'honneur. La conversation, portée ensuite sur différents sujets, amena notre ami à prier le général de vouloir bien lui expliquer le véritable but poursuivi par lui, lorsqu'il avait fait opérer le passage de la Marne. Avec sa courtoisie habituelle, le général Ducrot répondit à notre ami en traçant lui-même sur une carte la place des redoutes élevées par les Prusso-Allemands tout le long de leur ligne d'investissement. Puis il ajouta :

— Croyez-vous maintenant qu'il était possible, avec des troupes aussi jeunes, de couper cette ligne ?

— *Couper* cette ligne, mon général, répliqua notre ami ! Vous voulez sans doute dire : *Occuper* cette ligne ?

Le général fit un geste d'assentiment...

Le général Ducrot possédait à un haut degré, non-seulement la science, mais aussi l'art de la guerre, ce qui fait parfois défaut chez les plus savants stratèges.

— Monsieur le maréchal, si nous restions ici ? avait dit, dans les dernières journées d'août 1870, le général Ducrot au commandant en chef de l'armée de Châlons, lorsqu'ils furent tous deux parvenus presque au centre de la vallée de l'Argonne, à l'endroit appelé le Chesne-Populeux ; mais, impatient de se rapprocher le plus tôt possible de Metz, le maréchal de Mac-Mahon, alléguant les ordres du gouvernement, repoussa le judicieux avis formulé par le général Ducrot.

Quel service, cependant, le maréchal n'aurait-il pas rendu à l'armée de Metz, s'il s'était décidé, en ce moment si grave, à suivre l'esprit plutôt que la lettre même de ses instructions ! Le voyez-vous accueillant, comme il convenait, le conseil du général Ducrot;

le voyez-vous postant en embuscade sa toute jeune armée, à peine connue de ses propres chefs, et n'ayant pas eu le temps de se sentir, ainsi que l'on dit, « les coudes ! » C'est dans des défilés naturellement redoutables, derrière des abattis d'arbres, qu'elle aurait reçu le premier choc des Prusso-Allemands. On sait qu'une fois arrivé à Châlons, le prince royal de Prusse s'était trouvé tout désorienté de n'y plus apercevoir l'armée du maréchal de Mac-Mahon, qu'il brûlait d'attaquer. On sait aussi qu'une indiscrétion du journal *Le Temps* lui indiqua la route sur laquelle s'étaient engagés le maréchal et son armée. Dans son ardeur à saisir le contact de l'ennemi, le prince prussien fit sauter ses fantassins en croupe derrière ses cavaliers, et s'élança, bride abattue, sur la piste de l'armée française.

Ne peut-on pas affirmer qu'en de telles conditions le choc des deux armées aurait été tout à l'avantage des Français? Dans la région de l'Argonne, les troupes du prince royal devaient forcément éprouver un de ces échecs dont les conséquences ne peuvent être définies. Après avoir harassé, terrassé peut-être, ou pour le moins singulièrement affaibli ses nombreux adversaires, l'armée du maréchal de Mac-Mahon serait sortie de ses retranchements plus forte, surtout moralement, plus libre aussi désormais dans ses mouvements, plus capable enfin d'apporter à l'armée, investie sous Metz, le concours sollicité par Bazaine, qui était le vrai but de sa mission.

Du moment que le gouverneur de Paris n'avait pas pu avoir, dès le mois d'octobre, un corps d'armée assez fortement organisé pour rompre, sur un point, le blocus et descendre ensuite la vallée de la Seine, il ne devait plus s'agir pour lui, en décembre, de « couper » la ligne, mais bien « d'occuper » la ligne. Aussi le vrai gain de la bataille de Champigny se fût-il trouvé dans la possession de Montmesly et dans la création d'une formidable redoute sur ce monticule qui commande, en amont de Paris, le cours de la Seine. L'ennemi avait si bien compris l'importance de Montmesly, qu'il porta ses plus grands efforts de ce côté-là, et qu'il finit par réussir à en déloger les troupes du général Ladreit de la Charrière, quoique celui-ci eût auprès de lui l'un des héros de Sébastopol. Sans l'échec et la mort glorieuse du général de la Charrière, le général du génie Ragon aurait certainement rivalisé avec son habile collègue, le général Tripier. Il aurait fait à Montmesly ce que celui-ci avait si heureusement fait déjà aux Hautes-Bruyères, en avant de Bicêtre, et ce que le 21 décembre, sur l'avis de l'amiral Saisset, l'armée commença à faire au plateau d'Avron.

On doit se rappeler encore les cris de rage des Prusso-Allemands, lors de l'occupation du Mont-Avron.

— A tout prix, il faut en finir ! rugissaient-ils.

Le bombardement des forts, puis, au moyen de leur batterie de Châtillon, celui de la rive gauche de Paris lui-même, eurent pour eux le double but d'ébranler, en terrifiant les femmes et les enfants, la résistance des Parisiens, et de masquer en même temps le départ des troupes qui allaient renforcer d'*urgence* leurs armées de province. Sauf le fort d'Issy, que Châtillon rendit bientôt intenable, mais dans lequel l'ennemi n'osa point pénétrer, parce qu'il eut été pareillement intenable pour lui, les forts bombardés par des batteries d'artillerie légère, auraient pu résister, invincibles, pendant des années. Le fort de Nogent a été bombardé pendant trente-trois jours. Chaque jour, une batterie crachait sur lui plusieurs centaines d'obus auxquels, la plupart du temps, on ne daignait même pas répondre. Lors de la capitulation, ses murailles et ses épaulements étaient intacts. Seule, la garnison eut à souffrir de cette permanente grêle d'obus allemands.

C'est dès le lendemain même de Noël, que commença le bombardement des forts de la rive droite. Les chambrées des canonniers-auxiliaires se trouvaient à l'étage supérieur de la caserne du fort de Nogent. Les obus allemands nous en délogèrent instantanément, après avoir fait parmi nous quelques victimes. Canonniers, marins, artilleurs du 4ᵉ régiment, mobiles, tous se réfugièrent dans les casemates. L'état-major quitta aussi la caserne. Seuls, des officiers de la mobile, se croyant suffisamment protégés par de fortes sapines dressées presque perpendiculairement devant leurs fenêtres, qui donnaient sur la courtine, restèrent dans leurs chambres, où jusqu'alors ils avaient joui du plaisir de pouvoir dormir déshabillés. Quant à nous, nous nous dressions un lit de camp dans la salle à manger des officiers située au rez-de-chaussée, et dont les fenêtres donnaient sur la cour du fort.

Le lendemain, au point du jour, notre cantinière venait nous trouver de la part de plusieurs canonniers atteints de blessures très légères, et qui, disait-elle, « crevaient » de faim à l'ambulance. Nous tirons de notre sac quelques tablettes de chocolat, qu'elle met fondre dans une casserole. A ce moment, des obus éclatent tout à coup dans le rez-de-chaussée même de la caserne. La porte de la salle où nous sommes vole en éclat; une épaisse fumée, à odeur d'eau de Barèges, nous aveugle et nous empoisonne. Par la porte béante, nous voyons passer des ombres en chemise. Ce sont les officiers de mobiles qui, surpris dans leurs lits, s'enfuient sans prendre le temps de s'habiller. Avec peine nous parvenons, suivi de la cantinière, à distinguer la porte du couloir qui donne sur la cour. Là nous sommes à l'abri; mais pour atteindre l'ambulance, placée dans une casemate, nous devons franchir un espace à découvert de 15 mètres environ de large et dans lequel les obus éclatent avec rage.

— Il faut courir, disons-nous à la cantinière ; pour cela il faut laisser ici vos sabots et me confier votre casserole.

La pauvre femme ne nous répond point. Nous voyons ses dents claquer de terreur. Nous lui prenons le haut du bras et la voulons entraîner. Ses jambes sont des barres de fer. Elle fait avec effort des pas de dix centimètres ! De ce train-là, nous mettrons une demi-heure à franchir la zône dangereuse.

Nous ne voulons pourtant pas abandonner cette pauvre femme ; mais, d'autre part, notre situation devient ridicule. Ils sont là, en face de nous, quelques centaines d'hommes qui, à peu près abrités par les casemates, plaisantent la malheureuse et s'écrient en chœur : « Elle courra ! Elle ne courra pas ! » Mais des marins prennent pitié d'elle... et de nous.

Quatre d'entre eux s'élancent, emportent comme une plume la femme avec ses chers sabots et sa chère casserole, aux applaudissements et aux grossiers lazzis de l'assistance. Des mobiles, accourus de leur côté, sont repoussés par eux et se mettent à danser en narguant les obus. Nous nous précipitons sur l'un d'eux et lui lançant une bourrade, nous lui crions : — Gare-toi donc, gamin ! Mais un autre nous échappe et va plus loin recommencer sa danse.

A ce moment, un obus éclate si près de nous, que nous sommes comme enlevé de terre ; mais en même temps que l'explosion, nous avons entendu un cri de douleur. Nous nous retournons. C'est le pauvre mobile qui est atteint. Des marins viennent encore à notre aide et enlèvent le blessé. Nous les suivons dans l'ambulance.

Le malheureux a les deux jambes brisées. Une double amputation est nécessaire. Le chirurgien-major de la marine y procède immédiatement sous nos yeux. Notre cantinière est transformée par lui en infirmière. La pauvre femme est revenue de sa terreur. Très courageusement et très maternellement, elle tient sur sa poitrine la tête du blessé et mêle ses larmes aux siennes. L'opération terminée, le major prenant à côté de lui du pain et un saucisson, nous invite à partager son déjeuner. Nous déclinons son offre gracieuse, vu que nous ne nous sentons point du tout en appétit. Le major sourit :

— Alors, dit-il, un verre de chartreuse, et à la cantinière aussi qui l'a si bien gagné.

Avec plaisir nous acceptons tous deux.

Le major avait repris son pain et son saucisson, lorsque des marins font de nouveau irruption dans l'ambulance. Ils apportent leur capitaine d'armes, tombé évanoui. Nous commencions à déshabiller cet officier, lorsque nous le voyons ouvrir les yeux.

— Qu'avez-vous donc ? dit le major.

A cette voix, l'officier semble revenir tout à fait à lui.

— Ah ! pas de bêtise, major ! Je n'ai rien.

Et en effet, il saute prestement hors du cadre sur lequel il était étendu. Tout le monde rit alors, et nous sortons avec l'officier de l'ambulance. A la porte, il nous dit :

— Lorsque, revenu de mon évanouissement, j'ai vu les yeux du major braqués sur moi, j'ai ressenti comme un frisson dans le dos, car j'ai cru qu'il allait me couper quelque chose.

Nous nous serrons la main, nous souhaitant réciproquement bonne chance.

L'ambulance était pleine de blessés, on avait télégraphié à Paris pour les faire évacuer ; mais un obus ayant brisé quelque part les fils aériens, le commandant du fort n'avait reçu aucune réponse. Vers les trois heures, nous voyons arriver un aumônier qui a bravement traversé le plateau pour nous annoncer que des voitures sont à l'abri derrière Fontenay, toutes prêtes à venir enlever nos blessés, aussitôt que le bombardement cessera.

Vers la chute du jour, le major nous envoie chercher. C'est un des canonniers de notre pièce, atteint le matin dans le dos par un éclat d'obus, qui est pris d'un tel accès de fièvre que le major redoute pour lui la mort. Nous accourons à l'ambulance ; mais à la porte de celle-ci nous apercevons, tout prêts à y entrer, le général Trochu et son aide-de-camp, le commandant Bibesco.

Avec eux nous pénétrons dans l'ambulance. Il va faire nuit, et le bombardement vient de cesser.

X

Le Comte Montemerli

Le major salue le général Trochu et lui présente l'un après l'autre ses blessés ; de notre côté, nous donnons au général les détails qu'il nous demande sur les blessés de notre compagnie. Quatre d'entre ceux-ci, très grièvement atteints, reçoivent la médaille militaire. Puis, le général se dispose à sortir. Prévenu de sa visite, le capitaine de vaisseau, commandant du fort, est venu à sa rencontre.

A la porte de l'ambulance, et tandis que le général nous parlait encore, nous nous sentons retenu par le bras. Nous nous retournons ; à notre grande surprise, nous nous trouvons en face de deux jeunes femmes, entrées dans l'ambulance pendant la visite du général. Elles sont encapuchonnées, et à la lueur d'une lampe fumeuse, elles nous paraissent charmantes.

— Monsieur, dit l'une d'elles d'une voix attendrissante et d'un regard suppliant, accordez-nous quelques-uns de vos blessés ! Nous en aurons bien soin.

Nous répondons à cette jeune femme que nous n'avons aucun ordre à donner ici, et qu'au surplus les blessés sont libres de se faire soigner partout où il leur plaît. Puis, saluant ces aimables infirmières, nous sortons de l'ambulance.

Nous trouvons la cour du fort toute encombrée de voitures. Des hommes, parlant en italien, tirent de chaque fourgon des matelas, sur lesquels ils se disposent à placer les blessés. A notre droite, des groupes assez nombreux de soldats de la garnison paraissent écouter avec une religieuse attention un officier de haute taille, à la barbe grisonnante, qui, le torse cambré, la tête rejetée en arrière, l'œil inspiré, le bras levé, comme s'il prenait le ciel à témoin de la véracité de ses paroles, s'écriait :

— Les obuzzz, moi, ze ne les crains pas.

Nous apercevons, sur le képi et sur les manches de cet officier cinq galons d'or, pour lesquels la discipline nous impose le respect. Nous nous refusons donc à le *blaguer* sur ces obus, qu'il affirme si haut ne pas craindre, et avec lesquels il aurait pu se mesurer tout à son aise, s'il était venu plus tôt : mais, à son zézaiement, nous croyons reconnaître un Italien, et, comme nous entendons sur notre gauche des ambulanciers qui parlent en italien, nous espérons avoir auprès d'eux quelques renseignements sur cet étonnant colonel, dont les fanfaronnades semblent abêtir nos braves soldats.

Pour nous faire mieux venir de ces ambulanciers, nous les interrogeons dans leur propre langue, et, très poliment, nous leur disons :

— *Signori, fatemi un'piacere. Come si chiama quel colonello?*

Nous ignorons si ces braves gens ont réellement tenu à nous faire plaisir, mais nous avons pu constater qu'en les questionnant, nous leur avions fait à eux-mêmes un très sensible plaisir, car ils nous répondirent tous ensemble, scandant vigoureusement les mots, et comme en chœur :

Il colonel-lo con-te Montemer-li commandan-te in ca-po l'ambulan-za italia-na.

A cette ronflante nomenclature, nous répondons aussitôt avec une sorte d'admiration :

— *Dà vero! Mi piace assai questo colonello. E certamente magnifico!*

Au fur et à mesure qu'elles sont chargées, les voitures repartent pour Paris. Nous montons dans la dernière, car nous devons le lendemain matin présider un conseil de famille de la compagnie, qui se tient à son dépôt, près des bastions du 1er secteur. Nous sommes dans un fourgon, soutenant un malheureux artilleur du 4e régiment, que nous allons déposer à l'hôpital militaire de Vincennes, tout mourant, dans les bras des Sœurs. A peine sorti du fort, nous entendons retentir sur le sol glacé les pas précipités d'une cavalcade. C'est le colonel comte Montemerli, à la tête d'un nombreux état-major, rentrant à Paris au grand galop, et d'un air si fier qu'il va faire aux Parisiens l'effet d'un grand vainqueur. L'idée nous vient alors de demander à notre cocher des détails sur l'état-major de cette ambulance italienne.

Par deux fois, nous lui adressons en italien la parole, sans avoir de lui un mot de réponse. Nous le croyons sourd, et nous nous mettons à parler plus fort. Il se retourne enfin, et voyant que nous nous adressons à lui-même :

— Monsieur, répond-il, je ne comprends rien à ce que vous dites. Je suis de la maison Potel et Chabot, moi, et ma voiture aussi.

— Faites excuse, mon brave, répliquons-nous. Je vous croyais, comme les autres, Italien.

— Dieu merci, non, monsieur! Je suis Français, et j'en suis fier... Mais quelles canailles que ces Allemands!

Tout à coup notre voiture s'arrête. Le cocher est questionné par quelqu'un que nous ne pouvons pas voir. Nous sautons à terre. Une sentinelle alors s'adresse à nous, et nous demande si nous connaissons la voiture, précédant la nôtre.

— Que veux-tu dire?

— C'est, répond la sentinelle, qu'au lieu de suivre la route de Paris, cette voiture a tourné ici et a pris la route qui conduit à Neuilly-sur-Marne.

— Diable! Y a-t-il d'autres sentinelles que toi sur la route?

La sentinelle n'en sait rien. Alors nous lui disons :

— Envoie ton coup de fusil sur la voiture! Bien! Charge encore, et tâche de viser mieux!

Mais l'obscurité ne nous permet pas de distinguer cette voiture, dont le cheval, qui jusque-là marchait au grand trot, prend alors le galop. Les malheureux! Ils vont tomber dans les lignes prussiennes. Eh! eh! c'est peut-être bien ce qu'ils ont médité de faire...

Aux coups de feu accourt le sergent de la sentinelle. Nous lui conseillons de pousser une patrouille sur la route de Neuilly, le plus loin possible, et nous remontons dans le fourgon. A la barrière de l'avenue de Vincennes, nous signalons au chef du poste la fugue de la voiture qui nous précédait. Malheureusement, on a négligé de prendre les numéros des voitures sorties. On n'en sait même pas le nombre. De retour au fort, nous déclarons le fait au commandant; aucune réponse satisfaisante n'est jamais venue de Paris. Voilà pourtant comment, dans Paris assiégé, les choses se passaient!

Entendons-nous, cependant! Nous ne prétendons ni accuser, ni même soupçonner d'espionnage l'ambulance italienne. Le comte Montemerli, son chef, nous a paru trop occupé de lui-même, trop amateur de *fantasia*, pour être jamais entré dans ces menus détails de surveillance, qui consistent à compter et à inspecter les voitures d'une ambulance, comme un capitaine compte et inspecte les soldats de sa compagnie. Aussi une voiture d'espions a-t-elle pu très facilement se faufiler, pour sortir de Paris, au milieu des voitures de l'ambulance italienne. Les matelas qu'elle contenait étaient sans doute bourrés de journaux et de toutes sortes de documents. Cette voiture est entrée comme les autres dans le fort; puis elle a choisi son moment pour filer en *catimini*, et sans la sentinelle de la bifurcation, personne n'aurait même jamais su qu'une voiture, sortie du fort, avait pris la route de Neuilly-sur-Marne, au bout de laquelle se tenaient les Prusso-Allemands. De ce fait, nous avons le droit de conclure que pareille chose a bien pu se passer presque chaque jour pendant le siège de Paris, où fourmillaient tant d'espions prussiens!

XI

Une Singulière Ambulance urbaine

Les jeunes infirmières qui étaient venues nous demander, dans l'ambulance du fort, de leur confier quelques blessés, avaient réussi à obtenir de l'un d'eux qu'il consentit à se faire soigner chez elles. C'était justement un de nos canonniers-auxiliaires des plus gravement atteints. Aussitôt après la capitulation de Paris, lors de la dissolution de notre compagnie, on nous donna l'adresse de cette ambulance urbaine, et nous nous fîmes un devoir d'aller visiter notre ancien camarade.

Sur l'un des boulevards les plus fréquentés de Paris, nous voyons en effet au balcon du second étage le nom en grosses lettres dorées que l'on nous avait indiqué. Nous montons l'escalier, et nous sonnons à une porte où le même nom figure en noir sur une plaque de cuivre. Ces dames étaient dans le commerce, et ce nom était leur propre nom. Une servante accorte vient nous ouvrir la porte. Nous lui demandons à voir le canonnier Clopin. La servante nous fait passer à travers deux vastes pièces toutes garnies de rayons, et dans chacune desquelles sont dressés huit lits parfaitement alignés sur deux rangs. Les couvertures de ces lits sont toutes neuves et les draps nous paraissent d'une blancheur immaculée. De là, nous passons dans un petit salon prenant jour sur une cour, et nous retrouvons enfin notre ancien camarade encore très pâle et très faible, assis au coin d'un bon feu.

Nous lui demandons des nouvelles de sa blessure. Il nous répond qu'elle est en voie de guérison. Nous lui demandons encore s'il est bien soigné. Il nous répond que l'on a pour lui mille soins. Nous lui demandons enfin si cette ambulance a reçu beaucoup de blessés. Il nous dit, en baissant la voix, qu'en ce moment il est tout seul ; mais nous lui voyons faire un significatif clignement d'yeux, et pensant que les murs de ce salon doivent avoir des oreilles, nous nous abstenons de lui faire aucune autre question.

Quelques semaines plus tard, l'ex-canonnier Clopin, venait à son tour nous faire visite. Guéri, il était sorti de cette ambulance. Aussi maintenant pouvait-il parler tout à son aise. Vraiment il n'a jamais eu à se plaindre de ces dames, qui bien au contraire n'avaient pas cessé un seul jour de le choyer ; mais il tenait beaucoup à nous faire savoir ce qu'il avait appris et ce qu'il avait de ses propres yeux vu. *L'ambulance de ces dames était immatriculée comme* succursale de l'hôpital de La Riboisière. Pendant toute la durée du siége, *elle* n'a jamais reçu d'autre blessé que lui !

Cependant, *elle a toujours joui du précieux privilège de* douze portions quotidiennes de viande ; et il en était de même pour toutes sortes d'autres provisions. Jamais aucun inspecteur n'est venu s'assurer de l'état réel des choses. Dans un petit appartement séparé des magasins, ces dames faisaient, avec certains cavaliers, chaque jour bombance...

Depuis lors, toutes les fois que nous sommes passé sur le susdit boulevard, nous pensions à cette singulière ambulance, et nous ne manquions pas de jeter les yeux sur ce long balcon. Les lettres dorées, disant au public le nom de ces dames, ont maintenant disparu. Est-*ce pour cause de déménagement, de cessation de commerce* ou de mauvaises affaires ? Nous l'ignorons absolument, de même que nous ne nous sommes jamais enquis de la véritable nationalité de ces deux commerçantes ; mais nous ne voulons pas révéler ici à nos lecteurs le nom qui brillait jadis sur le balcon et à la porte de leurs magasins, pour ne point faire trop de plaisir à M. Drumont.

Si le *coulage* a été, comme on le voit, grand dans les succursales des établissements hospitaliers, plus grand encore fut, tout le temps du siége, le désordre dans les diverses branches de l'administration *civile. Nous nous souvenons d'avoir rencontré, certain* jour du mois d'octobre, un adjoint d'une des mairies de Paris, depuis et actuellement encore député de la Seine. Déjà, en 1848, cet honorable citoyen avait un tic particulier. A chaque instant il s'exclamait :

— La réaction grandit !

C'est que déjà, refusant systématiquement de voir dans les progrès de la réaction l'inévitable conséquence des fautes commises par *les radicaux d'alors, il préférait s'en prendre aux réactionnaires* eux-mêmes de l'affaiblissement de l'idée républicaine dans le corps électoral de cette époque.

L'*ayant rencontré par hasard en octobre 1870, à la porte même* de sa mairie, et causant avec lui des difficultés que la population civile trouvait déjà pour son alimentation journalière, nous lui demandions pourquoi l'administration municipale ne procédait pas à ce que l'on pourrait appeler le *cantonnement* des habitants autour des fournisseurs, boulangers, bouchers, charcutiers, épiciers, etc. Les *queues* auprès des bouchers commençaient déjà chaque jour à s'allonger *démesurément le long des trottoirs.*

— Pourquoi, lui disions-nous, n'attribuerait-on pas à chaque boucherie *la fourniture exclusive de 200, 300 ou 500 personnes ?*

A cette mesure que les rigueurs du prochain hiver allaient rendre plus que jamais impérieuse, notre farouche démocrate s'opposait absolument, sous le prétexte égalitaire que les bouchers réserveraient alors les plus succulents morceaux pour leurs anciens et plus riches clients. Comme si les riches ne trouvent pas constamment moyen, malgré tous les règlements, de satisfaire leurs besoins *ou leurs fantaisies à coup d'argent ! Les œufs ont valu* pendant le siège deux francs pièce. Le beurre a monté à vingt-cinq francs la livre, et même plus haut encore. Il y a donc eu des gens qui avaient sur leur table chaque jour des rondelles de beurre en hors d'œuvre, et qui se faisaient servir des omelettes ou des œufs au miroir.

L'adjoint Brelay nous a paru en administration de la même force que cette autre « vieille barbe, » le maire Greppo. Celui-ci jugea à propos de déposséder momentanément les *bouchers de son arrondissement*, et de les laisser seulement comme simples découpeurs dans leurs boucheries. Les jeunes filles d'une école professionnelle furent élevées par lui au rang de fonctionnaires. Accouplées deux par deux, elles géraient chaque boucherie pour le compte de la municipalité. On ne sera pas beaucoup étonné d'apprendre que presque toutes se mirent à faire de la prépotence, et même pire encore.

Un jour, une dame se présente à la porte d'une boucherie, gardée par un invalide, derrière lequel s'alignait sur le trottoir une longue queue de braves citoyens et citoyennes, qui attendaient patiemment leur tour. La dame expose à la foule sa situation. Elle tient à la main une ordonnance de médecin prescrivant pour un malade un bouillon de viande. Cette ordonnance a été visée par la mairie. La foule compatissante lui permet de passer hors tour, et l'invalide la *fait entrer. Après avoir chaudement* remercié ceux et celles qu'elle va faire attendre quelques minutes de plus, cette dame s'adresse au maître boucher, qui s'empresse de la servir : mais la péronnelle qui tient la caisse survient brusquement, arrache le petit morceau de viande des mains même de la pauvre femme, et la fait chasser par l'invalide, au grand scandale de la foule indignée d'une telle barbarie.

Des personnes, dignes de foi, *nous ont affirmé que plusieurs* de ces gérantes municipales savaient fort bien mettre de côté pour elles de très copieux morceaux, qu'elles revendaient sous-main chaque jour jusqu'à quinze et vingt francs ! Bref, le désordre et le scandale devinrent dans tout l'arrondissement si grands, qu'après l'émeute du 31 octobre, le citoyen Greppo fut comme destitué et remplacé par M. Vautrain.

En moins de trois jours, le nouveau maire remédia aux plus criants abus. Il renvoya à leur école professionnelle les jeunes gérantes municipales improvisées par son prédécesseur, et il remit les bouchers en possession de leurs boucheries, à charge par eux de satisfaire aux besoins de telle fraction de la population qu'il fixa lui-même, pour abréger le plus possible la corvée pénible, la corvée dangereuse, d'une « queue » en plein air et en plein hiver.

XII

Une Joyeuseté teutonne

Après les combats du 30 novembre et du 2 décembre, notre capitaine en second était envoyé, avec un fort détachement, occuper une nouvelle redoute élevée dans le jardin d'une des plus belles propriétés de Nogent, tandis que le reste de la compagnie, moins les hommes du dépôt, s'installait définitivement dans la caserne du fort. Survint bientôt le 4 décembre, jour de la Sainte-Barbe, que la marine et l'artillerie ont coutume de fêter partout. Il devait y avoir le soir représentation théâtrale dans les combles de la caserne du fort.

Nous étions à dîner au rez-de-chaussée. Une même table réunissait, comme elle a continué de réunir jusqu'au bombardement, les officiers, les sous-officiers et les membres du conseil de famille de la compagnie. Au milieu du repas, nous voyons apparaître des bouteilles de vin de Champagne. C'est, nous dit le cuisinier, un cadeau du capitaine en second. Nous trouvons le capitaine très chanceux, car notre cantine n'a pas une cave assez bien garnie pour nous permettre de rendre immédiatement politesse pour politesse ; mais ce n'est que partie remise.

Après le dîner, nous voyons défiler dans l'escalier le royal et somptueux cortège de la Reine de Saba. Ce sont les marins qui nous donnent très gravement ce spectacle fort inattendu par nous. L'un d'entre eux, qui fait la reine, est vêtu d'une superbe robe à ramages. Sa Majesté est suivie de ses dames d'honneur, de sa cour, et deux négrillons portent respectueusement la traîne de sa robe. La reine a sur la tête un diadème. A son cou brille un collier, et deux gros anneaux dorés pendent à ses oreilles : mais il nous est impossible de pénétrer dans les combles où se jouent nous ne savons trop quelles farces, parce que la salle est archi-pleine.

Ils sont ingénieux à l'extrême, ces marins. On sait qu'il est défendu dans les casernes d'avoir du feu pendant la nuit. Eh bien ! quatre marins s'étaient associés dans le but de fournir, dès six heures du matin, une tasse de café noir pour le prix de dix centimes.

A tour de rôle, l'un des quatre se faisait descendre, à l'aide d'une corde, jusqu'au fond des fossés par ses camarades restés sur la pierre plate qui forme le couronnement des murailles. Puis, dans l'angle du pied d'un bastion, au moyen de quelques briques, un foyer était installé qui lui permettait de faire chauffer une cafetière. Après quoi, sur un signal donné par lui, ses camarades le hissaient jusqu'à eux. On comprend que la nuit, en hiver, et par tous les temps, c'était faire là un métier où l'on risque de se casser les reins. Cela importait peu à ces hardis jeunes gens. Voilà comment, au réveil, des marins passaient dans les chambrées criant :

— Qui demande du café bouillant ?

Le lendemain de la Sainte-Barbe, nous conduisions à bras deux pièces de canon pour armer la nouvelle redoute, qui pouvait battre avec avantage certain poste ennemi, placé juste en face, et surnommé par nous « La Plâtrière ». Cette redoute avait été élevée dans le jardin de la propriété Biedermann. Puis nous visitons la maison démeublée de tout, sauf d'un certain nombre de matelas qui servirent au coucher de nos canonniers. Nous pensons alors à remercier le capitaine en second de son gracieux envoi. Aussitôt nous le voyons sourire. C'était un officier très énergique, mais d'allures fort communes.

— Cela ne mérite pas de remerciement, nous dit-il, car cela ne m'a rien coûté du tout. Mes hommes ont découvert un caveau, et...

Il allait achever, lorsqu'il nous vit faire une moue très significative.

— Comment, capitaine ! Ce vin était au propriétaire ! mais alors le caveau a été forcé ?

— Eh bien, quoi ! répliqua-t-il, valait-il donc mieux que ce soient les Prussiens qui l'aient bu, ce vin ?

Nous interrompons encore le capitaine pour lui faire observer que les Prussiens sont des ennemis auxquels ces sortes d'effractions peuvent être permises, tandis qu'elles doivent être interdites à nous-mêmes.

Espérons que le propriétaire de ce vin de Champagne a excusé ce fâcheux larcin ! Quant aux Prussiens, ils ne se sont pas contentés de piller partout. Ils se sont encore livrés parfois à des plaisanteries de fort mauvais goût. Nous connaissons le propriétaire d'une maison de campagne à Champigny, M. Lapar, qui a retrouvé son jardin transformé par les Prussiens en un tumulus, hérissé de croix de bois noir sur lesquelles étaient écrits, en français, toutes sortes de noms de baptême. Ce tumulus n'avait pas tardé à devenir un pèlerinage journalier pour les malheureuses femmes qui pleuraient quelque parent portant l'un de ces noms.

La propriété, comme on le conçoit bien, était devenue inhabitable. M. Lapar alla solliciter l'autorisation d'exhumer tous ces morts. Cette autorisation lui fut refusée ; mais on lui dit en même temps qu'on fermerait les yeux, s'il procédait lui-même spontanément à cette exhumation. En conséquence de cet avis officieux, M. Lapar convoqua pendant la nuit des fossoyeurs porteurs de cercueils, des terrassiers avec leurs outils, auxquels on vit bientôt se joindre le curé avec ses enfants de chœur. Eclairés par des torches, les terrassiers se mirent à l'œuvre. D'ossements humains, ils ne découvrirent aucune trace ; mais, en continuant de fouiller, ils finirent par découvrir... Quoi donc, direz-vous ?

— La carcasse d'un cheval !

N'est-ce pas que voilà une farce bien teutonne ? Et prétendra-t-on encore que ces gens-là ont été élevés par leurs fameux maîtres d'école dans le respect de toutes les choses respectables ?

XIII

Bilan du Premier Siège

L'ineptie des hommes du 4 Septembre couva pendant de longs mois la Commune. Ceux qui osèrent accaparer le pouvoir, que le désastre de Sedan venait d'arracher à la régente et à l'Empire, ont assumé sur leur tête avec la plus impudente sérénité les responsabilités les plus écrasantes. Nous avons déjà rappelé ici la cynique confidence du ministre Picard. L'histoire, dans sa justice, sera cruelle pour *ces étranges gouvernants, qui n'ont voulu voir dans le siège de Paris*, dont dépendait pourtant le sort même de la France, qu'une « défense d'opéra-comique ! »

Ces ambitieux et ces jouisseurs n'ont pas le droit de jeter la moindre pierre à M. Emile Ollivier. Celui-ci venait, il est vrai, de *déclarer follement à l'Allemagne une guerre que la Prusse avait* préparée depuis longtemps, et rendue presque inévitable par toute une série de roueries bismarckiennes ; mais eux, les hommes du 4 Septembre, n'ont-ils pas tenu à rester impassiblement sourds aux judicieux conseils que leur dictait tout haut le plus vulgaire bon sens ? Ils s'étaient proclamés « gouvernement de la Défense nationale », et ils ont follement négligé de commencer cette défense *par l'organisation d'un sérieux gouvernement.*

Alors on a vu des choses qui seraient grotesques, si elles n'étaient point honteuses. Dans les murs de Paris, déjà menacé d'un prompt et hermétique blocus, étaient volontairement restés, les ministres des affaires étrangères, de l'intérieur, de l'instruction publique, du commerce, des finances ! Seuls les *ministres de la marine et de la justice* avaient été, avec M. Glais-Bizoin, envoyés pour gouverner la Province. N'était-ce pas plonger toute la France dans la plus épouvantable anarchie, à l'heure même où allait peser sur elle le poids écrasant de la plus formidable invasion ?

Aussi les *envahisseurs se voyaient-ils comme servis mille fois* mieux qu'ils ne l'avaient jamais souhaité. D'un côté, Bazaine immobilisait systématiquement sous Metz la seule armée que possédât la France, armée héroïque qui, commandée par un autre chef, aurait fort bien pu, quoique très inférieure en nombre, tenir en échec l'ennemi. De l'autre côté, un fantôme de gouvernement, qui savait *décréter*, mais qui ne savait pas le moins du monde *gouverner*. Et quels étranges, parfois même *quels odieux décrets !*

Celui de Crémieux, par exemple, transformant en aristocrates les juifs d'Algérie, leur accordant le privilège d'une naturalisation *refusée aux Kabyles et aux Arabes*, qui pourtant nous fournissaient de si braves turcos et de si braves spahis ! Voyez-vous d'ici la criminelle partialité de ce ministre français qui, pour la satisfaction d'une secte, fomentait ainsi de ses propres mains, cette terrible insurrection de Kabylie, que souhaitait tant M. de Bismarck, mais qu'il eut le regret de ne pas voir éclater assez tôt, ni faire assez de mal à la France !

Grâce à Gambetta, échappé de Paris *en ballon*, la *Province* passa tout à coup de la plus folle anarchie à la plus folle dictature. Après Lanfrey, après Georges Sand, après tous les vrais patriotes qui ont, de leurs propres yeux, vu la Province pendant les trois derniers mois de l'année terrible, nous nous croyons le droit de qualifier ainsi la dictature exercée par Gambetta.

Nous reconnaissons toutefois que Gambetta a eu la bonne fortune de trouver sous sa main et l'habileté d'employer quelques collaborateurs de haute culture intellectuelle, tels que M. de Freycinet, ingénieur expérimenté, mais qui a trop accentué le défaut de se croire profond stratège. Comment, d'autre part, pourrions-nous oublier ces types étranges de généraux improvisés : MM. Détroyat, Lissagaray, de Kératry et, par-dessus tous, cette « petite monnaie » gambettine, ces proconsuls à tous crins : Alphonse Gent à Marseille, Challemel-Lacour à Lyon, Duportal à Toulouse, Ricard à Niort, Paul Bert à Lille, *e tutti quanti*.

C'est dans Paris investi que, pour le salut de la capitale et celui de la France, une dictature aurait dû surgir et s'imposer à tous ; mais c'est justement dans Paris bloqué que continua de régner, avec les hommes du 4 Septembre, une dissolvante anarchie. Il n'avait certes pas l'étoffe d'un dictateur, ce général Trochu, qui disait avec un sourire béat :

— Je vais à l'Hôtel de ville, *faire du Lamartine*.

L'on sait quel accueil il y reçut, le 31 octobre, de Gustave Flourens et de la bande des blanquistes.

Cependant le général Trochu ne devait pas ignorer que, d'accord avec le bon sens, la loi confère au gouverneur d'une place investie des pouvoirs dictatoriaux ; mais telle était la folie des gouvernants de ce moment-là, que le sage M. Jules Simon lui-même n'hésitait pas à traiter de « soudard en grosses bottes » le général *Ducrot*, parce qu'à la nouvelle de l'émeute du 31 octobre, celui-ci était accouru de Neuilly à la tête de vingt mille mobiles et, pénétrant au Louvre dans la salle improvisée du conseil, avait annoncé qu'il allait à l'hôtel de ville « balayer tous ces coquins ! »

Par son plébiscite du 6 novembre, la population parisienne avait accordé aux hommes du 4 Septembre un vote de confiance ; mais cette confiance, ils s'en montrèrent fort peu dignes. Jusqu'à la fin, la défense de Paris à laquelle, autant par patriotisme que par orgueil, les Parisiens entendaient sacrifier tout, fut une défense molle.

Un seul effort militaire sérieux, celui du 30 novembre, parut avoir épuisé l'énergie de nos gouvernants. Quelques jours plus tard, le 6 décembre, le chef de l'état-major général des coalisés, le fameux de Moltke mettait un *très singulier empressement à donner au général Trochu* connaissance de la défaite que venait de subir l'armée de la Loire ; mais cette communication de l'ennemi n'éclaira point nos gouvernants. Pourtant, il n'était pas très difficile de comprendre que, par *cet acte insolite*, les *envahisseurs* venaient de trahir leurs plus secrètes pensées.

Ils en étaient arrivés à ce point de redouter pour eux-mêmes, quoique victorieux en province, la prolongation indéfinie de la guerre. Ils redoutaient surtout la prolongation de la résistance de Paris...

Au lieu d'encourager les Parisiens, *au lieu de les pousser* à persister plus que jamais dans leur « héroïque folie », qui poursuivie « héroïquement » pouvait, devait finir par lasser l'ennemi, ces dilettantes d'une défense d'opéra-comique mirent, au contraire, *tout en œuvre pour attiédir l'ardeur des Parisiens. Au commencement* de janvier 1871, une affiche gouvernementale avait affirmé que « le pain ne serait jamais rationné » ; mais quelques jours plus tard, le pain venait subitement à *manquer* dans certains quartiers les plus populeux de Paris... *et bientôt, tous les Parisiens* en étaient réduits au pain de sciure de bois, surnommé par eux : pain Ferry !

L'affiche avait donc menti effrontément ; mais ne trompait-on pas encore les Parisiens en leur imposant ce pain de résidus, qui devait *leur faire croire à l'épuisement des farines ?* C'est probable, c'est même certain, puisque s'étant enfin décidée, *après le 18 mars*, à faire ouvrir cinq longues travées de la gare aux marchandises du chemin de fer de l'Est, qui avaient été scellées pendant le siège, la municipalité de Belleville les *trouva, à l'étonnement général*, TOUTES PLEINES DE FARINES !

Nous pourrions citer ici le nom du citoyen que le maire de Belleville chargea de faire cribler ces monceaux de farine, dont se gavaient depuis plusieurs mois des milliers de rats !

Qui ne se rappelle encore la déplorable affaire de Buzenval, ces bataillons lancés *en avant, sans être soutenus, comme ils auraient* dû l'être, par le canon du Mont-Valérien, sous le fallacieux prétexte du « brouillard ? » Mais six semaines auparavant, le 2 décembre, le brouillard, un brouillard qui changeait le jour en nuit, n'avait pourtant point empêché canons et mitrailleuses de foudroyer l'ennemi invisible sur les bords de la Marne.

Qui ne se rappelle encore cette funèbre mise en scène de plusieurs centaines de cadavres, devant lesquels venaient défiler les familles anxieuses? On aurait résolu d'enlever à Paris toute espérance, qu'on n'aurait pu imaginer rien de plus désespérant! Pendant ce lugubre mois de janvier, tous les actes du gouvernement de la Défense ont eu le caractère de la plus coupable de la plus anti patriotique duplicité.

On avait affirmé que le pain ne serait jamais rationné, et de son côté le général Trochu avait solennellement déclaré que le « gouverneur de Paris ne capitulerait jamais ! » Or, on avait fait pis que de rationner le pain ; on l'avait rendu non mangeable. Quant au gouverneur, qui ne devait jamais capituler, il se laissa très docilement donner un successeur, qui eut pour unique mission de capituler.

Le gouvernement de la Défense consentit, sur première injonction de l'ennemi, à rendre tous les forts de Paris, même la citadelle du Mont-Valérien. Cependant ces forts, malgré la menace faite dans le château de Ferrières par M. de Bismarck à Jules Favre, d'en prendre deux en moins de deux mois, après plus de quatre mois les Prusso-Allemands n'avaient pas réussi à en prendre un seul !

Bref, les hommes du 4 Septembre se firent plats comme des punaises devant l'ennemi, et lorsque la veille de la capitulation cinq à six cents officiers de la garde nationale, indignés de tant de bassesse, demandaient à combattre encore, le ministre Picard ne sut que les menacer de la colère des caporaux prussiens.

Ainsi se termina un siège qui, virilement soutenu par les forces en quelque sorte inépuisables que recélait Paris, aurait certainement exigé la présence de la presque totalité des forces prusso-allemandes, et facilité ainsi la tâche patriotique de la Province ; un siège que les généraux Faidherbe et Chanzy eussent alors fini par faire lever, à la confusion suprême des envahisseurs !

XIV

La Manifestation du 22 Mars

Les Parisiens se vengèrent des lourdes fautes commises par le gouvernement de la Défense, en refusant aux hommes du 4 Septembre leurs votes pour l'Assemblée nationale ; mais ceux-ci n'en restèrent pas moins administrateurs de la capitale, tant que l'Assemblée siégea à Bordeaux. C'est dire que l'anarchie continua de régner dans Paris, et qu'en se prolongeant elle augmenta encore. Plus l'administration se montrait couarde, plus les factieux devinrent arrogants. L'affaire des canons, qui fut le prétexte de l'insurrection du 18 mars, le prouve surabondamment.

On se rappelle l'émotion causée dans Paris par cette clause de la capitulation, qui allait permettre à l'ennemi de pénétrer en armes dans la zone des Champs-Elysées. Les vainqueurs tenaient à défiler sous l'arc de triomphe de l'Étoile. Tout près de là, place de Wagram, il existait un parc d'artillerie assez considérable. La crainte que l'ennemi ne fut tenté de s'emparer de ces canons poussa les Parisiens à s'y atteler eux-mêmes, et à les transporter loin de la zone qu'allait contaminer l'ennemi.

Les blanquistes profitèrent-ils de cette patriotique émotion pour diriger ces pièces sur Montmartre ? Ou bien l'instinct seul conseilla-t-il aux Parisiens de choisir pour elles un lieu élevé, et par conséquent d'un accès difficile ? Nous ne saurions le dire. Toutefois, s'il y eût mot d'ordre, ce mot d'ordre ne fut pas suivi par tout le monde. Plusieurs canons furent conduits ailleurs. Un certain nombre arriva jusqu'à la place des Vosges ; mais place des Vosges comme à Montmartre, ces pièces exigeaient des postes de garde.

C'est alors que se montra au grand jour certain pouvoir, fort peu occulte, du reste, qui, sous le nom de « Comité central », osa donner à plusieurs bataillons de la garde nationale des ordres que ceux-ci mettaient un zèle extrême à exécuter.

Universellement détesté depuis le siège, le gouvernement se trouva alors dans l'impossibilité de faire appel aux vrais patriotes, toujours si nombreux parmi les Parisiens. N'osant pas commander, par crainte de n'être point obéi, il imagina d'user de ruse ; mais cette ruse même mit aussitôt à nu sa honteuse faiblesse.

Le ministre de l'intérieur s'avisa de s'entendre avec l'officier qui devait, le lendemain, commander le poste de la place des Vosges. Celui-ci s'engagea à ne point s'opposer à l'enlèvement des canons. En conséquence, vers dix heures du soir, un nombreux détachement de gardes républicains à cheval, et munis de cordes, se présenta pour atteler les pièces. Aussitôt quelques gardes nationaux se mirent, sans l'ordre de leur chef, à croiser la baïonnette contre les gardes républicains. Ceux-ci brûlaient d'envie de les sabrer. Malheureusement, le ministre avait expressément défendu d'employer la force. Devant les baïonnettes croisées contre eux, les gardes républicains durent se retirer tout piteux.

Le lendemain, dès l'aube, la population bellevilloise accourait, hommes, femmes, enfants, s'emparer de ces canons et les hissait jusqu'à Montmartre. En réalité, depuis la capitulation de Paris, il n'y eut plus dans la capitale d'autre gouvernement que celui des maires, subordonnés eux-mêmes pour la plupart à ce Comité central qui commandait en maître souverain.

Lorsqu'arriva le 18 mars, il y avait donc six semaines déjà que Paris appartenait aux hommes de la Commune ; mais si tout, à cette date, était compromis, rien à cette heure n'était encore irrémédiablement perdu. Avec du sang-froid et de l'énergie, on aurait pu réussir à dominer la situation. Par malheur, Thiers qui venait d'être nommé à Bordeaux chef du pouvoir exécutif, tomba en arrivant à Paris dans les mains des Picard, Favre, Herold, Ferry et Compagnie. Ceux-ci ne purent pas le renseigner exactement sur la force de résistance qu'offrait encore à cette heure la bourgeoisie parisienne. Effrayés eux-mêmes de leur colossale impopularité, ils effrayèrent à leur tour le très peu brave Thiers, qui les crut sur parole. L'ordre fut aussitôt donné par lui d'évacuer non-seulement Paris, mais encore les forts, n[illegible] même le Mont-Valérien. Ce ne fut pas une retraite, ce fut p[illegible]ne déroute, ce fut une fuite !

Cependant, le témoignag[illegible]ne non suspect nous semble prouver que Thiers n'a point [illegible] le prendre aussi brusquement un parti aussi grave.

Pendant quatre jours, d'après M. Lullier, *le désordre dans Paris fut à son comble.*

Et dire que c'est devant une telle pétaudière qu'a précipitamment pris la fuite le chef du gouvernement français !

Néanmoins, nous consentirions à absoudre Thiers, mal renseigné, du subit et complet abandon de Paris, si l'on ne pouvait pas voir dans cet acte le commencement d'un plan suggéré, sans doute, par les hommes du 4 septembre dont il était toujours entouré, et qui consistait à punir Paris de son ingratitude à leur égard, en le laissant pendant quelque temps *cuire dans son jus*. Cette expression culinaire, mais caractéristique, revenait sans cesse aux oreilles de ceux qui coudoyaient les ministres de Thiers ; mais à force de cuire dans son jus, le pauvre Paris, hélas! a bien manqué de finir par y brûler totalement.

Nous disions tout à l'heure que rien, au 18 mars, n'était irrémédiablement perdu. Il nous faut expliquer cela, car maintenant on demeure trop porté à s'imaginer que, semblable à Minerve, l'insurrection communarde naquit ce jour-là, armée de pied en cap, et possédant dès sa naissance la force que, seul, l'abandon de Paris lui permit de montrer plus tard.

Nous reconnaissons volontiers qu'après la dispersion de la colonne commandée par l'infortuné général Lecomte, le gouvernement ne pouvait plus compter sur l'armée. Cependant sous les ordres d'un colonel énergique, un régiment de ligne resta vingt-quatre heures dans le jardin du Luxembourg sans être entamé par les désertions et ne sortit de Paris le 19 mars que pour obéir aux ordres généraux de Thiers ; mais à défaut de l'armée, il y avait encore la garde nationale.

Celle-ci n'était certes pas tout entière acquise à l'insurrection. En voulez-vous une preuve éclatante ? Rappelez-vous ce bataillon de Passy ! La Commune ne réussit à le dissoudre qu'à la veille même de sa propre chute. Malheureusement la résistance qu'une grande partie de la garde nationale était disposée à faire à la Commune naissante fut stérilisée subitement par l'intempestive et fort imprudente manifestation « pacifique » du 22 mars.

La veille au soir, le hasard nous faisait rencontrer un Parisien, personnellement connu de l'amiral Saisset. Notre conversation roula bien vite sur la manifestation annoncée pour le lendemain. Tous les deux nous la blâmions absolument. Tous deux nous en redoutions les terribles conséquences. Au moment de nous séparer, notre interlocuteur nous proposa tout à coup de tenter auprès de l'amiral une démarche. Ne pouvant pas lui-même quitter Paris, il nous remit sa carte, sur laquelle il écrivit quelques mots d'introduction. Le premier train du matin nous débarqua à Versailles. Il nous fallait aller à l'Assemblée demander l'adresse de l'amiral. Tout y était désert à cette heure matinale. Enfin nous avisons un huissier qui va s'enquérir.

En ce moment parait un homme de haute taille. Aussitôt nous le reconnaissons, quoiqu'il soit en habit bourgeois, pour notre ancien chef, le général Ducrot.

— Mon général, lui disons-nous en le saluant, je suis très heureux de vous voir en bonne santé. Savez-vous bien qu'à cette heure les Parisiens vous croient mort !

— Vraiment ! fit le général.

Et lui présentant un journal communard, nous lui faisons lire tout haut la nouvelle que depuis l'aurore les crieurs hurlaient dans Paris :

« Le général Ducrot vient d'être fusillé à Versailles par ses propres soldats. »

— Ah ! par exemple, dit en riant le général, je ne crains pas cela.

Pendant ce temps, l'huissier était revenu nous donner l'adresse de l'amiral Saisset. Alors nous expliquons au général l'objet de notre voyage.

— Trop tard ! nous répondit-il, trop tard ! Les décisions sont prises. L'amiral doit être en ce moment à la Préfecture, conférant avec M. Thiers. Quant à la manifestation, je suis absolument de votre avis. C'est seulement *avec des armes* que les Parisiens doivent manifester contre les insurgés. Cependant tentez toujours de voir l'amiral ! Qui sait ? Peut-être M. Thiers va-t-il réfléchir au dernier moment sur les dangers inévitables de cette manifestation.

Nous voilà courant à la Préfecture. Parvenu dans le vestibule du rez-de-chaussée, nous déclarons à l'huissier savoir que l'amiral Saisset est là, et nous l'invitons à lui faire remettre les deux cartes que nous lui présentons. L'huissier monte ; puis bientôt il revient nous dire que l'amiral est en conférence avec M. Thiers, et qu'à sa sortie du cabinet il recevra les deux cartes de la main de son collègue. Quelques minutes plus tard, nous voyons entrer, causant ensemble, un ambassadeur de l'Empire et un préfet de Louis-Philippe. Nous étions connu de l'un d'eux.

Celui-ci vient à nous et nous demande des nouvelles de Paris. Nous lui répondons que rien n'est perdu, si l'on sait agir avec prudence et avec énergie. Ces messieurs hochent la tête. Chacun de leur côté, ils arrivent de la Province où l'anarchie est complète.

— Raison de plus, répliquons-nous, pour tenir tête à la Commune, et pour la mâter promptement à l'aide des Parisiens eux-mêmes.

Pendant ce colloque, quelques personnes inconnues de nous, sont survenues du dehors, qui écoutent notre entretien. L'ancien préfet et l'ancien ambassadeur se retirent, mais la conversation continue avec les nouveaux arrivés. Nous disons tout haut l'objet de notre démarche auprès de l'amiral. Nous qualifions, d'après notre propre sentiment, la manifestation projetée.

— C'est une grave imprudence, disons-nous.

— C'est une sottise, riposte un assistant.

— C'est un crime, s'écrient à l'unisson plusieurs autres.

Les têtes s'échauffent. Les voix s'élèvent. Ces huit à dix personnes commencent à faire du bruit comme vingt, comme trente. L'une d'elles va *jusqu'à nous proposer* de bousculer l'huissier et de pénétrer de force dans le cabinet du président. — Ouais, disons-nous, pour être traité nous-même d'insurgé et f... au poste.

Nous déclarons préférer attendre patiemment la sortie de l'amiral Saisset.

— Vous désirez parler à l'amiral, dit une personne apparue *tout à coup sur les marches de* l'escalier; mais il y a un grand quart d'heure que l'amiral est parti.

— Comment, parti ! s'écrient à la fois tous les assistants.

Alors l'obligeante personne qui venait de nous annoncer le départ de l'amiral, daigne nous apprendre que l'amiral est sorti par l'escalier des bureaux, et que dans ce moment il est sans doute en wagon.

Nous serrons la main des personnes présentes, et tout le monde nous suit dehors, la tête basse. Quelques heures plus tard, nous rentrions nous-même dans Paris. La manifestation pacifique, dirigée par l'amiral Saisset, avait *eu lieu dans la rue de la Paix*; mais, saisissant l'occasion, les communards s'étaient empressés de tirer sur une foule sans armes. Le sang avait coulé ! La terreur venait d'apparaître subitement aux yeux des Parisiens épouvantés.

Paris commençait réellement à cuire dans son jus.

XV

Les Canonniers-Auxiliaires

Le lendemain de la manifestation de la rue de la Paix, nous recevions la visite de notre ancien capitaine des canonniers-auxiliaires, qui nous racontait, entre autres choses, qu'un certain nombre de ses collègues s'étaient rendus à l'Hôtel de ville le 21 mars pour faire adhésion à la Commune, ayant trouvé sans doute tout naturel de traiter les hommes du 4 septembre comme ceux-ci avaient eux-mêmes traité l'Empire. Seulement, si les successeurs immédiats de l'Empire gouvernaient *encore* Paris, à la date du 18 mars, ils avaient depuis six semaines cessé de gouverner la Province. Beaucoup trop tardivement, mais assez librement élue, une Assemblée depuis ce temps représentait la Nation.

Les folies gambettines, succédant aux folies impériales, avaient eu cette naturelle conséquence de dépopulariser dans les campagnes les républicains autant que les impérialistes. Delà, l'étrange et anormal spectacle d'une Assemblée dont la grande majorité se targuait d'être royaliste, alors que les Bourbons des deux branches ne comptaient plus dans le pays qu'un très petit nombre de fidèles. Il est vrai que ce petit nombre avait pour lui, sinon toujours le talent, du moins presque toujours la fortune, en même temps que la pratique des salons. Aussi en résultait-il que ce petit nombre, très remuant, très loquace, faisait volontiers illusion aux autres partis, et que par une naturelle action reflexe, il en était venu à s'illusionner lui-même au point de croire sincèrement posséder seul, daus le pays, une solide majorité.

Quant au comte de Chambord, quoique tout plein de l'exclusive importance de son droit divin, il était peut-être le premier des légitimistes à avoir l'exacte notion des choses de France. Il jugeait les Français trop révolutionnaires pour être demeurés royalistes. Aussi la conduite de ses fidèles fut-elle à Bordeaux *cunctatrice*, le Roi s'abstenant de réclamer d'une majorité, dite royaliste, la reconnaissance de ses droits souverains.

Disons encore, que la royauté était, au mois de février 1871, chose fort peu tentante. Vingt départements restaient occupés par cinq cent mille ennemis, jusqu'au payement intégral des cinq milliards; et minés par plusieurs mois d'anarchie folle ou de folle dictature, les soixante autres départements couvaient alors une insurrection contre l'Assemblée, sous prétexte que la majorité royaliste de celle-ci allait procéder à l'immédiat étranglement de la République. Mais cette majorité était elle-même trop profondément divisée pour oser débuter par porter une main criminelle sur les droits souverains de la nation. Elle avait donc, autant à cause de ses propres divisions qu'à cause des écrasantes difficultés du moment, consenti facilement à contracter ce que l'on a nommé « le pacte de Bordeaux ».

Par ce pacte, l'Assemblée laissait subsister la République, qui avait spontanément surgi de l'effondrement de l'Empire, et se contentait de nommer Thiers chef du pouvoir exécutif; mais il n'y avait pas à s'y tromper, les fils des exploiteurs de 1830, moins réservés que le comte de Chambord, allaient certainement développer leurs talents d'intrigue pour exploiter à leur personnel profit, soit au détriment du vrai roi, soit au préjudice de la nation elle-même, cette bienheureuse majorité, issue d'une guerre désastreuse, majorité qui était pourtant, à l'inverse de ses aristocratiques meneurs, plus foncièrement conservatrice que passionnément royaliste.

— Les imbéciles! crions-nous au capitaine, lorsqu'il vint à nous parler de la visite de ses collègues aux factieux de l'Hôtel de Ville.

Cette exclamation le fit rougir jusqu'aux oreilles; mais il se garda de nous avouer qu'il avait lui-même figuré dans le nombre de ces imbéciles. Avec sa tête de linotte, il en arriva bientôt à convenir que ses collègues avaient eu tort et que nous avions raison de les qualifier ainsi.

— Quelle réponse, lui demandons-nous, ont faite à ces capitaines les gens de l'Hôtel de Ville?

— Aucune, dit-il. C'est une véritable pétaudière! On ne sait à qui parler. Tout le monde commande, et personne n'obéit!

Quand plus tard nous avons connu la déclaration officielle de M. Lullier, nous avons pu constater que, sur ce point, notre capitaine nous avait dit l'exacte vérité.

Alors nous réfléchissons et nous calculons, que tous les secteurs ayant dû avoir, comme le nôtre, deux compagnies de canonniers-auxiliaires d'environ chacune trois cents hommes, le total devait fournir pour les vingt secteurs de Paris, dix à douze mille hommes sachant servir une pièce, et parmi eux beaucoup sachant, ce qui est plus difficile, pointer une pièce. Nous croyons devoir rappeler ici certain épisode de la 1re compagnie bis au fort de Nogent.

— Voici les gardes nationaux! avaient, en nous apercevant, crié quelques marins.

— Non, répondirent les canonniers. Nous avons le bouton jaune (bouton de cuivre). Nous sommes des anciens soldats.

— Moi, disait l'un, j'ai fait la campagne de Crimée et celle d'Italie.

— Moi, celle de Chine, disaient plusieurs autres, et d'autres encore déclaraient avoir fait celle du Mexique.

Chose singulière ! Dans notre compagnie, près de cent canonniers avaient servi dans l'artillerie de marine. Nous croyons savoir que la même proportion a existé dans plusieurs autres compagnies.

— S'il en est ainsi, répliqua l'officier de marine de garde, qu'on les laisse monter aux pièces et qu'ils nous prouvent ce qu'ils savent faire !

Des canonniers avaient été pris indistinctement dans chaque section et s'étaient mis aussitôt à charger les pièces de 12 et de 24 que le lieutenant de vaisseau leur désignait. Puis à chacune il indiqua un but et commanda le feu. Le but ne fut pas atteint par toutes les pièces, mais le tir prouva du moins l'habileté des pointeurs. Cette preuve suffit aux marins pour traiter dès ce jour les canonniers-auxiliaires comme des camarades.

Dans la lutte que la Commune allait être forcée d'engager avec le gouvernement de la République, il était évident que l'artillerie jouerait un rôle considérable. L'idée nous vint alors de tenter d'affaiblir l'insurrection, en lui soufflant avant l'ouverture des hostilités, les meilleurs canonniers que renfermait Paris.

Nous demandons au capitaine si, parmi ses anciens collègues, il en connaît de plus modérés, de moins fous que ceux qui sont allés s'offrir à l'Hôtel-de-Ville. Il nous répond qu'il les connaît presque tous. La plupart sont, comme lui, d'anciens sous-officiers. Quelques-uns mêmes sont des officiers démissionnaires. Il nous affirme que si la majorité est républicaine, elle n'est pas du tout communarde.

— Pensez-vous pouvoir les emmener à Versailles ?

Il le croit ; mais il nous demande alors de vouloir bien, quoique simple canonnier, nous joindre à eux. Nous y consentons. Rendez-vous est pris pour le lendemain. Afin d'éviter les soupçons, chaque capitaine devra voyager séparément. On se rejoindra rue Duplessis, à Versailles.

Nous trouvons, en effet, exacts au rendez-vous, douze à quinze anciens capitaines qui ne nous connaissent pas plus que nous ne les connaissons nous-même, mais qui, chemin faisant, jugent très durement l'insurrection. Parvenus dans la maison servant de refuge au ministère de la guerre, nous sommes tous ensemble introduits dans le cabinet du directeur qui nous avait organisés pour le siège.

Un des capitaines prend la parole; mais à peine a-t-il ouvert la bouche, qu'il est interrompu par le directeur.

— *Je vois ce que c'est, dit celui-ci d'un ton goguenard. Vous* voudriez bien recommencer tous à toucher votre solde de capitaine?

Faite à des braves soldats, qui venaient de remplir bravement leur devoir contre l'ennemi du dehors, cette question pouvait avoir son côté juste, mais elle était blessante. D'autre part, était-elle opportune? Nous en doutons. Aussi, pour venir en aide au pauvre capitaine tout interloqué, nous nous avançons vers M. L..., lui disant d'une voix quelque peu hautaine :

— Mais moi, Monsieur le directeur, qui étais simple canonnier et qui ne demande qu'à le redevenir, pensez-vous donc que je risquerais de me faire tuer pour une solde de deux francs par jour?

M. L..., qui s'était déjà levé, et avait fait mine de congédier tout le monde, s'arrête brusquement. Il nous regarde dans l'œil. Nous soutenons son regard. Alors, quittant le ton railleur, il daigne nous répondre que les ordres reçus par lui sont formels. En dehors de l'armée régulière, aucun corps spécial ne doit être créé pour combattre l'insurrection. Cependant, regrettant peut-être ses premières paroles et voulant finir poliment, il nous invite à nous adresser au ministre de la guerre, qui seul peut prendre sur lui de soumettre au chef de l'État la demande des anciens capitaines des canonniers-auxiliaires.

Cette demande fut faite sans désemparer. Naturellement, elle n'obtint aucune réponse.

On avait, pendant la guerre, singulièrement abusé de la création de corps-francs, et nous-mêmes, comme canonniers-auxiliaires, nous n'avions été rattachés à l'armée que par un fil beaucoup trop faible, au grand préjudice de la discipline. Nous ne pouvions donc qu'approuver absolument la sage détermination du chef du pouvoir exécutif; mais, en l'espèce, il ne s'agissait pas le moins du monde de créer, à nouveau, avec les canonniers-auxiliaires, un corps-franc. Il s'agissait tout simplement d'affaiblir l'insurrection, en se servant des anciens capitaines pour faire sortir de Paris le plus grand nombre possible de canonniers-auxiliaires, que l'on eût alors incorporés dans l'armée jusqu'à la fin de l'insurrection.

Le gouvernement de la République préféra abandonner à eux-mêmes ces dix à douze mille canonniers parisiens. La Commune se chargea de leur donner une solde, dont beaucoup avaient absolument besoin pour vivre. Elle réussit ainsi à enrôler un certain nombre d'anciens canonniers, qui firent dans l'armée de Versailles plus d'une victime!

Nous ne pouvons pas croire que le ministre Le Flô ait prévu, ni voulu cela; mais c'est pourtant cela qui arriva.

XVI

L'insurgé Duval à la Préfecture de Police

La tradition de 93 veut que la Commune de Paris soit comme la mère et la tutrice de toutes les Communes de France. Aussi ne faut-il pas s'étonner que les insurgés parisiens du 18 mars aient aussitôt violé l'autonomie d'une modeste commune voisine qui recélait, disait-on, un criminel coupable d'avoir donné à ses subordonnés l'ordre odieux de « tirer sur le Peuple. »

Le château-fort de Vincennes venait à peine de tomber entre les mains d'une bande d'insurgés que, sur un ordre parti de Paris, le chef de cette bande faisait arrêter dans son domicile privé, non loin du fort, un capitaine d'artillerie, et l'envoyait sous escorte aux chefs de l'insurrection, à travers les flots d'une populace menaçante. Le malheureux officier resta trois heures sur la place de l'Hôtel-de-Ville, en spectacle à la foule irritée, avant d'être incarcéré dans la Conciergerie.

Nous connaissions le capitaine Barbier. Il avait commandé pendant le siège un détachement d'artilleurs du 4e régiment, qui forma avec un autre détachement de marins, notre compagnie de canonniers-auxiliaires, et un bataillon de mobiles de Seine-et-Oise, la garnison du fort de Nogent, sous le commandement supérieur d'un capitaine de vaisseau. Après la capitulation, les marins avaient rejoint leur port d'attache, les mobiles leur département, les canonniers-auxiliaires avaient été dissous, et le détachement d'artilleurs était allé prendre garnison à Vincennes. C'est là que les insurgés parisiens vinrent arrêter le capitaine Barbier sur la simple dénonciation d'une misérable maréchal-des-logis, qui avait été pendant le siège sévèrement puni par le capitaine pour faute grave contre la discipline.

Avisé de cette arrestation, nous nous concertons avec son ancien collègue, notre capitaine des canonniers-auxiliaires. Personnellement, nous reconnaissions ne pouvoir rien faire pour le prisonnier ; mais par la visite que l'on sait aux gens de l'Hôtel-de-Ville, le capitaine Carrus se trouvait au contraire en bonne position pour prendre la défense de l'officier incarcéré. N'est-ce pas le cas de dire qu'à quelque chose sottise est parfois bonne ?

Il fut facile au capitaine Carrus de prouver que le capitaine du 4e régiment d'artillerie n'avait pas donné à *Vincennes* l'ordre de tirer sur le peuple, puisqu'il n'avait pas cherché à s'enfuir après l'envahissement du fort. Une enquête sommaire ayant constaté que le capitaine Carrus avait dit vrai, les gens de l'Hôtel-de-Ville ordonnèrent la mise en liberté du capitaine Barbier; mais ils avaient compté sans l'insurgé Duval, qui s'était improvisé général, et qui trônait dans la Préfecture de police. Duval refusa l'élargissement du capitaine Barbier.

Ce refus blessa les maîtres de l'Hôtel-de-Ville, et le capitaine Carrus put revenir à la *Préfecture* de police avec *l'un d'eux*, chargé de procéder à l'immédiate destitution de Duval, si celui-ci persistait plus longtemps dans son refus de mettre en liberté le capitaine d'artillerie arrêté à Vincennes.

Devant cette menace, Duval s'exécuta. Aussi un billet ne tarda-t-il pas à nous annoncer *que le capitaine Barbier était libre*. Par ce même billet, nous étions avisé qu'il nous attendait à Vincennes pour déjeuner.

Comme on le pense bien, nous félicitons cordialement l'ex-prisonnier d'avoir pu sortir sain et sauf des mille griffes de la populace et des lugubres cabanons du farouche Duval. Pendant le déjeuner, les deux capitaines nous racontèrent tour à tour les divers incidents dont ils avaient été témoins.

Lorsque le capitaine Carrus revint pour la seconde fois à la Préfecture de police, il entra avec le délégué de l'Hôtel-de-Ville dans une grande salle *où déjeunaient plusieurs secrétaires*. Une âcre senteur de victuailles, d'alcool et de tabac, empestait l'atmosphère. Duval était sorti, mais il était attendu d'un instant à l'autre. En effet, une porte s'ouvrit bientôt, qui laissa paraître le général des insurgés. *Sur le seuil, Duval s'arrêta un instant*, se mit à aspirer fortement, et désignant de la main les plats que se passaient les secrétaires, il cria :

— Ça sent l'*homard* ici. Hé ! doucement, vous autres, ne mangez pas tout !

Puis majestueusement il s'assit.

Alors, le délégué lui signifia la volonté des gens de l'Hôtel-de-Ville. Duval fit un geste de soumission, et ordonna d'aller chercher le capitaine Barbier. Lorsqu'il le vit entrer, il lui annonça tout simplement qu'il était libre; mais aussitôt il ajouta avec emphase :

— Qu'on m'amène le général Mellinet !

A ce nom si connu, les deux capitaines tressaillirent, et comme personne ne leur enjoignait de sortir, ils résolurent de rester pour voir le malheureux général que les insurgés retenaient prisonnier;

mais au lieu du glorieux balafré qu'ils attendaient, ils aperçurent avec surprise un chétif vieillard, à qui de sa plus grosse voix Duval s'empressa de dire :

— Vous êtes le général Mellinet ?

— Non, répondit le prisonnier, je suis le vicomte de Molinet.

— Cependant, répliqua Duval, on vous appelle général ?

— Je suis inspecteur-général du génie maritime, dit le vieillard d'une voix pleine de larmes.

— Vous tremblez, je crois, reprit encore Duval.

— Oh ! fit M. de Molinet, ce n'est pas de peur, soyez-en certain ! C'est de douleur et de désespoir. Voyez mon chapeau ! Il est tout éclaboussé par la cervelle de mon pauvre fils, qui a été tué à côté de moi !

— Mais, riposta Duval, on a trouvé à ses pieds un revolver ?

— Cette arme n'était point à lui. D'ailleurs, que peut faire un revolver contre des fusils ? Nous sortions tous deux de notre domicile, rue Louis-le-Grand, et nous étions arrivés rue de la Paix, lorsqu'une fusillade partie de la place Vendôme frappa mon fils, qui m'entraîna dans sa chute.

— C'est bon, interrompit Duval. On vérifiera cela. En attendant, l'on va vous réintégrer dans votre cellule.

Et le malheureux vieillard s'éloigna, répétant au milieu de ses sanglots :

— Mon fils ! mon pauvre fils !

— Cet infortuné était mon voisin de cellule, nous dit le capitaine Barbier. Toute la nuit, je l'ai entendu gémir. Je m'efforçais de le consoler, sans y pouvoir parvenir. Ah ! j'aurais volontiers risqué ma vie, pour lui rendre son cher fils.... Mais voyez-vous ces ignorants qui se sont imaginés que ce pauvre vieillard était le général Mellinet !

Après la fusillade, qui avait dispersé et terrorisé la manifestation pacifique, si malheureusement concertée, l'amiral Saisset s'était réfugié au Grand-Hôtel. Quelques centaines de gardes nationaux accoururent avec leurs armes pour l'y protéger. Ils restèrent là, en permanence, cachés à tous les regards, tant que l'amiral crût de son devoir de rester dans Paris. Le Grand-Hôtel devint ainsi pendant quelques jours le quartier-général du parti de l'ordre.

Les insurgés n'osèrent point tenter d'en déloger l'amiral. N'est-ce pas une preuve manifeste qu'en ce moment-là ils n'étaient point aussi forts qu'on se plaisait à le dire à Versailles ? Mais ils imaginèrent des promenades militaires, sortes de visites que les gens de l'Hôtel de ville faisaient dans les arrondissements les plus infestés de bourgeoisisme.

A la mairie de la rue de la Banque, tout se passa pour les insurgés comme sur des roulettes. Le maire Tirard et l'adjoint Brelay, reçurent à bras ouverts les délégués de l'Hôtel de ville, venus à la tête de plusieurs bataillons, renforcés eux-mêmes par des mitrailleuses et des canons. C'est ce même maire Tirard qui se présenta quinze jours après à Versailles, sollicitant une conciliation entre la Commune et le Gouvernement légal de la France.

Par contre, à la mairie du Louvre, les choses faillirent prendre une tournure tragique.

De nombreux gardes nationaux, postés aux fenêtres des maisons de la rue de Rivoli, menacèrent de faire feu sur la colonne communarde. Des officieux, plus zélés que bien intentionnés, s'interposèrent pour éviter, disaient-ils, l'effusion de sang ; mais ce sang devant fatalement couler n'eût-il pas mieux valu qu'il coulât plus tôt, afin de couler moins abondant? Et puis une lutte sanglante, engagée spontanément dans Paris par les Parisiens, n'aurait-elle pas forcé Thiers et ses ministres à se départir de leur système machiavélique, et à seconder par les armes ceux qui entreprenaient de combattre, dans Paris même, les ennemis de la Liberté et du Droit national.

Le samedi 25 mars, vers trois heures, nous entrions dans un café voisin du Grand-Hôtel, et là nous trouvions réunis les capitaines que nous avions la veille accompagnés à Versailles. On attendait, on espérait encore de l'amiral Saisset quelque décision énergique. Tout à coup, nous voyons entrer deux individus, qui donnent des poignées de main à droite et à gauche.

— Eux aussi, dit notre voisin, sont d'anciens capitaines de canonniers-auxiliaires ; mais que chuchotent-ils donc à l'oreille de ceux dont ils serrent la main? Chacun, en recevant leur confidence, fronce aussitôt les sourcils de colère, ou devient tout morose. Bientôt nous apprenons par nous-même ce secret plein d'horreur.

C'est la proclamation d'Henri V comme roi, que vient de faire à Versailles l'Assemblée, en même temps que la nomination du duc d'Aumale comme généralissime, avec mission de soumettre Paris à l'autorité du chef de la Maison de France !

Voyant le fâcheux effet produit par ces prétendues nouvelles sur la majorité des assistants, l'un d'eux rompant brutalement le silence général, s'écrie :

— Faut-il donc qu'on nous croie stupides pour venir colporter ici de pareilles absurdités !

Là dessus, grand tumulte. Nous avons vu l'instant où nous allions être forcé de croiser sur l'heure même le fer ; mais bientôt tout s'apaise comme par enchantement.

Violemment pris à parti par des capitaines moins naïfs que certains de leurs collègues, les deux intrus se sont prudemment éclipsés. Sans doute, ils sont allés retrouver leurs amis de l'Hôtel de Ville, car l'un deux, le nommé Lenne, qu'on nous disait ancien officier de l'armée, ne tarda pas à accepter des mains mêmes de la Commune le commandement du fort d'Issy.

Un mois plus tard, il nous était donné d'assister, du haut du belvédère d'une villa située en avant du Val-Fleuri, au duel d'artillerie engagé depuis plusieurs jours entre ce fort et une batterie versaillaise établie sur la terrasse de Meudon, et ce duel ne se termina certes pas à l'avantage du commandant communard. Mais, à peine ces deux faux-frères étaient-ils sortis de la salle du café où se trouvaient les capitaines, que nous apprenions le départ subit de l'amiral Saisset pour Versailles.

C'était comme une seconde édition de la fuite de Thiers. Disons, toutefois, à la décharge du brave amiral, qu'en fuyant, déguisé, il ne faisait qu'obéir à l'ordre de celui qui l'avait, trois jours auparavant, fourvoyé si perfidement dans Paris.

La nouvelle du départ de l'amiral fit abandonner le Grand-Hôtel par tous ceux qui voulaient résister dans Paris même aux insurgés. Nous sortons l'un des derniers. Il était environ six heures du soir. Nous étions en civil, n'ayant plus le droit de porter l'uniforme ; mais nous avions gardé notre pantalon de canonnier. Nous traversions la place de l'Opéra, lorsque plusieurs Parisiens, apercevant de loin les bandes rouges de notre pantalon, accourent pour nous apprendre qu'une mitrailleuse a été abandonnée sur la place de la Bourse par une colonne d'insurgés en promenade, et nous invitent à nous en emparer.

— Mais, messieurs, leur disons-nous, une mitrailleuse n'est point un revolver. Cela ne peut pas se glisser dans la poche. Et puis, qu'importe ! Une de plus, une de moins, les insurgés n'en seront ni plus forts, ni plus faibles !

Singulier temps, dira-t-on ! Et aussi singulière armée que ces bandes indisciplinées qui égaraient, sur une place de Paris, en plein jour, une mitrailleuse, comme l'on égare parfois dans la foule un petit chien !

XVII

Le Général René et le Capitaine Forgeois

Le 3 avril, divisée en deux corps, l'armée insurrectionnelle sortait de Paris, ayant pour objectif Versailles. Duval commandait les vingt mille hommes qui longeaient la rive gauche de la Seine. Bergeret et Gustave Flourens étaient à la tête de l'autre corps qui, parti de la rive droite, traversait la Seine à Neuilly et contournant le Mont-Valérien, se dirigeait sur Rueil.

La veille au soir, les bataillons bellevillois étaient venus stationner le long des boulevards intérieurs, depuis la rue Richelieu jusqu'à la Madeleine. Leurs sentinelles s'amusaient chaque minute à crier : au large ! et faisaient aussitôt mine de coucher en joue les paisibles promeneurs du dimanche. Près de la rue Vivienne, une sorte d'émeute avait éclaté par le fait d'une garibaldienne, exaltée ou avinée, qui venait de cracher au visage d'un Parisien dont le nez sans doute lui déplaisait.

La lutte allant s'engager hors de Paris, nous tenions à nous rendre à Versailles. Aussi sortions-nous, le lendemain, lundi, par la porte de Bièvre, à pied, sans bagage, la canne à la main. On se rappelle le résultat de cette sortie communarde. Espacés en tirailleurs, en avant de Meudon, quelques centaines de gendarmes tinrent toute la matinée en échec les vingt mille hommes de Duval, qui fut lui-même le mardi au matin fait prisonnier près de Châtillon, et fusillé aussitôt par les cavaliers du général de Galliffet. Il expia ainsi l'égorgement d'un petit poste composé d'un officier et de sept soldats, surpris la veille par les insurgés, avant d'avoir eu le temps de se défendre.

Quant à l'autre corps, parti de la rive droite, quelques coups de canons tirés par le Mont-Valérien, suffirent pour le mettre en déroute. Croyant à la neutralité de la citadelle, les insurgés crièrent à la trahison, et Gustave Flourens dut se déguiser pour échapper à leur fureur. C'est au moment où il se travestissait dans une maison isolée, près de Nanterre, qu'il fut découvert par un lieutenant de gendarmerie, et qu'en se défendant contre lui, il eût le crâne ouvert par un coup de sabre de l'officier. La panique causée par les obus de la citadelle devint bientôt si grande parmi les insurgés, que beaucoup furent renversés par leurs camarades, et même se noyèrent dans la Seine.

Le soir approchait, quand nous avons atteint Versailles. Il s'agissait pour nous de trouver un gîte, ce qui en ces jours d'exode n'était certes pas chose facile.

Avenue de Sceaux nous avisons une auberge, où l'on veut bien nous promettre une chambre, mais seulement pour le lendemain, l'officier qui l'occupe devant y coucher encore cette nuit-là. Enfin, sur notre insistance, l'on consent à dresser pour nous un lit de sangle dans une antichambre commune. Le lendemain matin, vers quatre heures, réveillé par un léger bruit, nous ouvrons les yeux, et nous apercevons un vieillard en chemise. Il tenait à la main ses bottines, s'arrête tout à coup en voyant notre lit et s'excuse d'avoir troublé notre sommeil. Courtoisement nous le rassurons, et lui disons de ne point se gêner pour nous.

La nuit suivante, nous prenions possession de la chambrette de l'officier; mais il paraît que l'antichambre ne resta pour cela vide. Un commissaire de police vint y occuper le lit de sangle. Ce fonctionnaire judiciaire n'avait sans doute pas le réveil plus aimable que les fonctions, car il bourra de sottises le vieux voisin, lorsque celui-ci parut selon son habitude à quatre heures du matin, en chemise et ses bottines à la main. Un garçon de l'hôtel nous raconta en riant cet incident, et nous donna le nom de l'original vieillard si matinal.

C'était M. Dufaur, député du midi, qu'il ne faut pas confondre avec son célèbre homonyme, celui qui fut plus d'une fois ministre et que ses adversaires ont surnommé « le roseau peint en fer ». Ce matin-là, l'honorable M. Dufaur (sans e muet) a dû trouver que son antichambre changeait bien souvent de locataire !

Quelques jours plus tard, comme nous sortions de l'hôtel, nous sommes tout surpris de voir plusieurs des tentes qui étaient alignées sur l'un des bas côtés de l'avenue de Sceaux, occupées non plus par des gendarmes, mais bien par des gardes nationaux, par des bourgeois, voire même par des femmes! Nous questionnons les gendarmes, qui se promenaient devant leurs tentes, pour se réchauffer, car la matinée était très froide.

— Ce sont des Parisiens et des Parisiennes, nous disent-ils, qui, à la suite de nous ne savons plus quelles menaces communardes, se sont enfuis de Paris et sont arrivés pendant la nuit à Versailles, où il leur a été tout à fait impossible de trouver à se loger. Aussi est-ce avec une grande joie qu'ils ont accepté l'hospitalité toute écossaise des braves gendarmes.

Un soir que nous arpentions de nos pas mélancoliques les larges rues de la ville ci-devant royale, déplorant mentalement les entraînements populaires, mais maudissant du fond du cœur les affreux calculs rancuniers ou ambitieux de nos gouvernants, nous sommes frôlé par un passant qui tenait à la main une petite valise.

— Comment, c'est vous! s'écrie-t-il en revenant sur ses pas.

A la lueur d'un bec de gaz, nous regardons le passant, et nous reconnaissons en lui l'un de ces capitaines de canonniers-auxiliaires qui ont fait avec nous visite au directeur L... du ministère de la guerre, et que nous avons revu le lendemain au Grand-Hôtel.

— Ah! vous allez me tirer d'embarras, nous dit-il. J'arrive de Paris, et je ne trouve à me loger nulle part.

Nous savions certain lit de sangle toujours occupé; mais nous répondons au capitaine Forgeois, que nous nous faisons fort de lui procurer un matelas dans notre propre chambre, et nous passons avec lui à l'hôtel pour y donner des ordres.

Là, le capitaine déclare qu'il meurt de faim, n'ayant pas eu le temps de dîner en route. On s'empresse de lui servir à souper. Tout en mangeant, il nous demande si le général René est à Versailles, et sur notre réponse affirmative, le capitaine Forgeois nous avoue n'être venu que pour parler au général, auquel il veut faire part de choses très curieuses. Il se met à nous les raconter en détail. Le général René avait, pendant le siège, commandé l'artillerie des secteurs et des forts de la rive gauche, tandis que son collègue, le général Pélissier, mort tout récemment, avait commandé l'artillerie des secteurs et des forts de la rive droite. Dans une visite de celui-ci au fort de Nogent, un obus prussien, en éclatant sur la pièce même près de laquelle il se tenait, avait fait au général une légère blessure.

Le lendemain matin, nous entrions à 7 heures aux Petites-Ecuries, dont la cour était déjà encombrée de mitrailleuses enlevées à Neuilly aux insurgés.

— Ah! c'est vous, mon cher capitaine, dit le général René en apercevant Forgeois.

— Oui, mon général, c'est moi, répond notre compagnon. Seulement, je ne suis plus capitaine. J'ai obtenu de l'avancement. Vous avez devant vous, mon général, le commandant en chef de l'artillerie de la Commune!

— Mon cher Forgeois, vous plaisantez sans doute, s'écrie le général René; car autrement, je vous ferais fusiller sur le champ, savez-vous bien!

— Faites-moi fusiller, si cela vous plait, mon général, réplique Forgeois en écarquillant ses petits yeux malins : mais ce que je viens de vous dire est de la plus rigoureuse exactitude.

Et le général dévisageait son interlocuteur, paraissant se demander si depuis le siège le pauvre capitaine Forgeois n'était pas par hasard devenu fou.

Alors le capitaine raconte au général que des délégués de l'Hôtel-de-Ville sont venus la veille le trouver à son domicile. Ils lui ont déclaré qu'ayant eu connaissance de l'habileté dont il avait fait preuve, pendant le siège, en luttant contre l'artillerie allemande, la Commune était disposée à le nommer général en chef de son artillerie. Sans sourciller, Forgeois s'était déclaré prêt à accepter. Il avait fait servir aux délégués des rafraîchissements, il avait même trinqué avec eux; mais, aussitôt après leur départ, bouclant sa valise, il était parti pour Saint-Denis, et avait de là gagné Versailles.

— Maintenant, ajouta Forgeois, ce n'est pas pour vous annoncer cette surprenante proposition que je suis venu vous voir, mon général. C'est pour vous dire :

— Voulez-vous entrer dans Paris?

— Comment, si je le veux? fit le général. Mais c'est ici notre plus vif désir à tous. Voyons, mon cher, expliquez-vous!

Et alors Forgeois dit au général qu'il a examiné avec la plus grande attention comment les fédérés se gardent. Il a étudié le service à une porte, puis ensuite aux autres portes de la rive gauche. Régulièrement, vers sept heures du soir, tous les hommes de garde, depuis l'officier jusqu'aux sentinelles, sont plus ou moins *pochards*. Il s'agit donc tout simplement d'aider par un truc quelconque à leur pochardise, afin qu'ils deviennent tous ivres-morts. Primitivement, Forgeois avait pensé demander au gouvernement la coopération de *quelques dizaines de marins, qu'il* se chargeait d'introduire sous certains déguisements. Ces marins auraient alors eu pour mission de *neutraliser* tout à fait le poste, et d'abaisser le pont-levis; mais après réflexion, Forgeois préférait charger des canonniers-auxiliaires énergiques de cette double opération sur le poste et sur la porte choisis d'avance. La seule coopération qu'il était forcé de demander au gouvernement consistait dans l'envoi, pendant la nuit, d'un régiment de cavalerie jusqu'à environ un kilomètre de l'enceinte. A ce régiment on joindrait autant de fantassins que les escadrons comptaient de chevaux, les dits fantassins devant sauter en croupe derrière les cavaliers. Des signaux feraient connaître au chef de la troupe que la porte de Paris est ouverte. Alors, partant au galop, ces cavaliers et ces fantassins pourraient arriver en une heure jusque sur la place de l'Hôtel-de-Ville, Paris étant encore sur la rive gauche dépourvu de toute barricade.

Si, *à minuit, aucun signal n'avait paru, c'est que le coup aurait* manqué à l'intérieur. La troupe devrait dans ce cas se replier sur Versailles. L'échec de cette tentative ne pouvait donc en aucune façon porter préjudice au prestige de l'armée.

Le général René avait écouté le capitaine Forgeois sans l'interrompre. Quand celui-ci eut cessé de parler, le général lui déclare qu'il le connaissait depuis trop d'années pour n'avoir point confiance en lui. Il va se rendre immédiatement chez M. Thiers. Il espère une réponse favorable. Il invite le capitaine Forgeois à rentrer dans son hôtel et à n'en pas sortir avant d'avoir reçu ses ordres.

Nous retournons tous deux déjeuner. Pendant le repas, Forgeois nous dit :

— Si le gouvernement accepte, je vous prends, mon cher, pour aide-de-camp.

— Accepté, lui répondons-nous. Pour ceux qui tenteront le coup dans Paris, le jeu sera certainement très périlleux ; mais la partie est trop belle pour qu'on ne mette pas son honneur à y coopérer.

Vers onze heures, un cavalier apporte une lettre. Forgeois signe le reçu. Le général René lui ordonne de le venir trouver à midi. A cette heure, le général n'étant pas rentré, son aide-de-camp invite Forgeois à aller se mettre à sa disposition chez M. Thiers. Nous touchions la Préfecture, lorsque nous apercevons le général qui en sort.

— Rien à faire ! dit-il avec un geste de colère. Rien à faire !

Nous accompagnons le général jusqu'à son bureau. Nous marchons en silence. Au moment de prendre congé de lui, Forgeois lui dit :

— Mon général, voulez-vous me permettre de prédire ce qui va se passer ?

— Faites, répond le général.

— Eh ! bien, reprend le capitaine, quand M. Thiers donnera à l'armée l'ordre de pénétrer de force dans l'enceinte, il ne restera sans doute pas grand chose de Paris, et il n'y aura peut-être plus beaucoup de Parisiens !

A l'instigation des familiers de la Préfecture de Versailles, une légende est éclose au cours même de l'insurrection, qui n'a pas cessé depuis de s'imposer aux historiens du deuxième siège de Paris. Les lazzis des Picard, Ferry et de leurs amis sont tombés drus comme grêle sur la tête de tous ceux qui ont proposé quelque moyen d'entrer par surprise dans la capitale. Sans doute, il a dû être imaginé bien des choses trop hasardeuses ou même simplement impossibles ; mais peut-être pensera-t-on, comme nous, que le patronage du général René ne permet pas de confondre avec ces projets chimériques ou absurdes le plan proposé par le capitaine Forgeois. Et puis dans la guerre comme en amour, quiconque ne tente rien, n'obtient rien...

Deux jours après le refus de M. Thiers au général René, le capitaine Forgeois quittait Versailles ; mais on comprendra parfaitement qu'il se garda bien de rentrer dans Paris.

XVIII

Le 21 Mai 1871 au Mont-Valérien

Certain soir du mois de mai, nous dinions à Versailles chez un conseiller général de Seine-et-Oise. Pendant le repas, la femme d'un des convives nous raconta que sa voiture l'avait conduite du côté de Saint-Cloud, mais qu'elle avait eu le vif regret de ne pouvoir pas visiter la grande batterie récemment élevée à Montretout pour battre la portion de l'enceinte parisienne qui lui fait face.

— Est-il donc impossible de pénétrer dans le Mont-Valérien ? nous demanda-t-elle.

Nous lui répondons que cela dépend du commandant de cette forteresse, et nous offrons de solliciter du colonel Lochner la permission nécessaire.

Le 18 mai, nous rappelant tout à coup la promesse que nous avons faite, nous nous empressons d'écrire au colonel.

Or, le dimanche, 21 mai, comme nous rentrions pour déjeuner à l'hôtel, nous voyons le patron se précipiter à notre rencontre. Il nous remet avec grandes salutations une lettre qu'un dragon, dit-il, vient d'apporter en notre absence, et dont il a dû donner reçu en notre nom. Cette lettre était du colonel Lochner, et elle nous accordait, pour nous-même ainsi que pour nos amis, la permission sollicitée. Nous déjeûnons à la hâte, et nous nous rendons ensuite chez notre amphytrion.

Comme la journée se présentait superbe, on décide de faire le jour même visite au Mont-Valérien. Une voiture est commandée. Nous y montons ; mais il devient impossible au cocher de fendre les flots d'une foule qui, en quelques instants, a envahi toute la place Hoche. Bientôt nous apercevons un escadron de chasseurs escortant un petit omnibus dont toutes les glaces sont levées.

C'est M. Henri Rochefort que cette escorte conduit en prison. Le journaliste capturé est tête nue, tandis que les deux agents assis à côté de lui ont gardé sur la tête leur chapeau. Nous voyons de face le célèbre pamphlétaire. Son visage est livide. Nous comprenons que le prisonnier est désagréablement impressionné par les furieuses imprécations d'une foule beaucoup plus parisienne que versaillaise, et qui lui attribue une grande partie des cruelles épreuves endurées par elle depuis deux mois.

Une heure après, nous descendions de voiture devant la poterne du Mont-Valérien. Nous faisons passer notre carte au colonel, et bientôt un planton nous conduit jusqu'au premier étage du grand bâtiment qui couronne, du côté de Paris, le sommet du piton sur lequel est construite la forteresse. Le colonel Lochner s'excuse gracieusement de ne pouvoir pas nous accompagner dans la visite que nous désirons faire ; mais il attend d'une minute à l'autre M. Thiers... Nous le remercions et nous descendons.

Au bas de l'escalier nous croisons le maréchal de Mac-Mahon qui monte chez le colonel. Tout à coup les canons de la batterie haute se mettent à tonner, et naturellement nous nous dirigeons vers cette batterie « en action ».

Vu de la terrasse du Mont-Valérien, par l'éclatant soleil d'un après-midi de mai, le panorama du bois de Boulogne, des coteaux de la vallée de la Seine, et de Paris lui-même, est vraiment splendide ; mais nous sommes à chaque instant distrait de ce spectacle enchanteur, soit par le tir des grosses pièces de la batterie, soit par l'arrivée des personnes de marque, qui viennent peu à peu se grouper sur notre droite, devant le parapet de la terrasse.

C'est le général de Ladmirault, dont la haute taille n'a fléchi, ni sous les fatigues de la guerre, ni sous les chagrins de la captivité. C'est le général de Galiffet, qui s'appuie sur le parapet, tout en caressant d'une main fiévreuse sa moustache. C'est M. de Carayon-Latour, député, mais hier encore commandant d'un bataillon de mobiles. En l'apercevant, le nom d'un des plus tristes proconsuls de Gambetta revient aussitôt sur nos lèvres :

— Fusillez-moi tous ces gens-là ! avait crié un jour d'émeute le pâle préfet Chalemel-Lacour, moins peut-être par haine jacobine que par terreur de la populace lyonnaise.

Des officiers de tous les grades fouillaient avec leurs lorgnettes les épaulements bouleversés des bastions de l'enceinte ; mais l'un d'eux, armé d'une longue-vue, croyant saisir quelque incident, persistait à examiner l'un des bastions qui commandent la porte d'Auteuil. Pendant ce temps, la batterie placée à notre gauche poursuivait son tir avec une mathématique régularité. Tout à coup, l'officier à la longue-vue cria :

— Cessez le feu ! Ils entrent !

Et les canons cessèrent aussitôt de tirer.

Toutes les lorgnettes se portèrent alors sur le même point.

— Mon Dieu, les voilà qui sortent ! dit à côté de nous une voix effrayée.

— Tranquillisez-vous, madame, répondit en se retournant le général de Ladmirault. C'est pour les besoins du service. Du moment que nos soldats ont pénétré dans l'enceinte, soyez assurée *qu'ils* resteront dans Paris.

Personne autour de nous ne s'attendait à ce qui venait d'arriver; mais le plus surpris de tous fut, à coup sûr, M. Thiers.

Une heure après, nous retournions à Versailles. Près de Garches, notre voiture se gara pour laisser passer la voiture du chef du pouvoir exécutif et son escorte. Deux cavaliers précédaient son coupé. Quatre autres suivaient. Un officier d'ordonnance galopait à la portière. M. Thiers était seul. Il avait les deux bras croisés sur la *poitrine. Ses yeux étaient fermés sous ses lunettes.* Il paraissait dormir. Certainement il méditait, tout étonné encore que des soldats aient osé pénétrer dans Paris sans son ordre.

Ce soir-là nous sommes rentré fort tard dans notre auberge. A minuit, il y avait encore foule dans les rues. Des groupes s'étaient formés, où l'on ne parlait que de l'entrée des troupes dans Paris. Sur notre passage nous saisissons quelques marques d'étonnement de la part des domestiques, qui prenaient le frais devant la porte.

— *Ah! mon colonel,* nous dit le patron en nous apercevant, nous ne comptions pas sur vous pour cette nuit!

— Pourquoi cela, lui disons-nous, et d'abord pourquoi ce titre de colonel?

— Dame, la lettre de ce matin!

— Eh! bien, mais la voici cette lettre....

Et alors, tirant la lettre de notre poche, nous lisons sur l'enveloppe le nom du colonel Lochner placé dans l'angle, puis, à notre grande surprise, au milieu et en grosses lettres :

« *Monsieur le colonel C..., Avenue de Sceaux, Versailles.* »

La lettre était de la main même du colonel, mais l'adresse avait été écrite par quelque secrétaire, qui nous avait gratifié d'un titre auquel nous n'avions *aucun droit.*

Et voilà comment les habitants de l'avenue de Sceaux ont pu croire pendant quelques heures que l'ordre d'entrer dans Paris avait été lancé le matin même, et qu'un de leurs voisins se trouvait être justement le colonel chargé de cette décisive opération ; mais ce n'était pas *le prétendu colonel C... qui avait pénétré le premier* dans Paris; c'était le lieutenant de vaisseau Trève.

Cet officier de marine se trouvait par hasard, le dimanche 21 mai, vers deux heures, auprès du commandant de la tranchée, ouverte dans le bois de Boulogne à quelques centaines de mètres du glacis *de l'enceinte. Apercevant un individu qui, du haut d'un bastion,* agitait un mouchoir, il résolut, n'ayant pas de commandement, de s'approcher; puis sur l'invitation de cet individu, il gravit le bastion ébréché. Une demi-heure après, le lieutenant de vaisseau Trève revenait et racontait au commandant de tranchée ce que le nommé Ducatel lui avait fait voir. Ravagée par les obus versaillais, toute la portion de l'enceinte en face du bois avait été évacuée. Les fédérés s'étaient même repliés sans se donner le temps d'enfouir leurs morts.

Alors le commandant de tranchée donna l'ordre à ses soldats de suivre le chemin qu'ils avaient vu prendre au lieutenant de vaisseau Trève ; et c'est ainsi qu'une porte de Paris se trouva être fortuitement occupée par des soldats de l'armée de Versailles.

Pauvre Trève ! Après l'avoir un peu connu, nous l'avions perdu de vue, comme cela arrive parfois dans la vie, lorsque le hasard nous remit un jour face à face. C'était au mois d'avril 1884. Nous nous promenions sur la plage du golfe Juan, attendant l'heure du train qui nous devait ramener à Cannes. Une pluie brouillardeuse supprimait tout horizon. A peine pouvait-on distinguer la silhouette des cuirassés de l'escadre, mouillés à quelques centaines de mètres du rivage. Nous avisons pourtant un canot qui se détache du vaisseau amiral, le *Richelieu*, et se dirige vers le débarcadère.

Un bourgeois saute lestement à terre et se dirige vers la gare. Sa barbe est grisonnante. Petit de taille, il se cambre dans sa redingote noire. A mesure qu'il s'avance, nous croyons le reconnaître ; mais bientôt lui-même aussi nous reconnaît, car il s'empresse de prendre la main que nous tendons. C'était le commandant Trève. Il revenait d'une mission en Italie, et il était allé saluer le commandant de l'escadre, l'amiral Jaurès, qui l'avait gardé à déjeuner.

Le lendemain, nous nous retrouvions tous deux sur la promenade cannoise de la Croisette. Le temps était beau. Nous parlons de l'Italie d'abord, puis de l'Egypte, que la politique prussienne a livrée aux Anglais qui la garderont, sans doute, jusqu'à la chute de l'empire prusso-allemand ; mais comment parler de l'Orient sans parler de la Russie ? Et comment parler de la Russie sans en venir bientôt à parler de la Chine ? Nous rappelons alors à Trève certain mémoire manuscrit sur cette mystérieuse Chine, qu'il nous avait fait lire plusieurs années auparavant.

— Je compte bien retourner la voir, nous dit-il.

Quelque temps après, le capitaine de vaisseau Trève était nommé au commandement de la *Vigilante*, et allait rallier l'escadre de l'amiral Courbet, alors mouillée devant Formose.

Un jour l'officier, qu'il avait envoyé prendre des nouvelles de l'amiral malade, revient en lui annonçant la mort du glorieux marin. A cette nouvelle, Trève se dressa comme mû par un secret ressort ; puis levant le bras droit et courbant la tête, il s'appliqua à lui-même sur la nuque un si violent coup qu'il en fit une fort violente grimace dont l'officier ne put s'empêcher de sourire, et en même temps, il s'écria :

— Cela, mon cher, c'est le coup du lapin !

Ce *coup du* lapin, c'était le marin, c'était le patriote qui venait de le recevoir ; mais bientôt un autre « coup du lapin » devait frapper la personne même du commandant Trève. A peine de retour à Paris, Trève était blessé mortellement par la maladresse d'un cocher de fiacre ; et quelques jours plus tard un cortège nombreux d'officiers, de généraux, d'amiraux en grande tenue, de membres de l'Institut, de patriotes parisiens, accompagnait à sa dernière demeure l'ancien et valeureux officier de l'armée de Versailles qui le dimanche, 21 mai 1871, a pénétré le premier dans Paris.

TABLE

PAGES

1. *Washburne*. *Indiscrétions et Imprudences*.......... 3
2. Le Maréchal Vaillant.......... 7
3. Le Gouverneur militaire de Paris.......... 11
4. Une Panique à Versailles.......... 15
5. Une Conférence sur le Plébiscite.......... 17
6. Un Maître-Farceur.......... 23
7. La Grande sortie.......... 25
8. Le Deux Décembre.......... 29
9. La deuxième Journée du Bombardement au Fort de Nogent.......... 33
10. Le Comte Montemerli.......... 39
11. Une singulière Ambulance urbaine.......... 43
12. Une Joyeuseté teutonne.......... 47
13. Bilan du premier Siège.......... 51
14. La Manifestation du 22 Mars.......... 55
15. Les Canonniers-Auxiliaires.......... 61
16. L'Insurgé Duval à la Préfecture de Police.......... 65
17. Le Général René et le Capitaine Forgeois.......... 71
18. Le 21 Mai 1871 au Mont-Valérien.......... 77

Charleville (Ardennes). — Imprimerie Nouvelle, 11, rue Forest.

www.ingramcontent.com/pod-product-compliance
Lightning Source LLC
LaVergne TN
LVHW020437230826
846091LV00004B/1530
9782016129609